TABLEAU

des Mollusques terrestres et d'eau douce

MOLLUSQUES

Terrestres et d'eau douce

DE L'AGENAIS

PAR J.-B. GASSIES

PARIS

CHEZ J.-B. BAILLIÈRE

Libraire de l'Académie... de médecine...

1869

TABLEAU

Méthodique et Descriptif

DES

MOLLUSQUES

Terrestres et d'Eau douce

DE L'AGENAIS.

Imprimé à Agen, chez J.-B. BARRIÈRE, place de la République, 2.

TABLEAU

MÉTHODIQUE ET DESCRIPTIF

DES

MOLLUSQUES

TERRESTRES ET D'EAU DOUCE

DE L'AGENAIS

PAR J.-B. GASSIES

Correspondant de l'Académie Nationale des Sciences de Toulouse et des Sociétés Linnéennes de Bordeaux et de Lyon.

AVEC QUATRE PLANCHES COLORIÉES.

Dessins de MM. A. Laboulbène et M. Lespiault.

GRAVURE DE M. F. PLÉE.

Rien n'est petit aux yeux de Dieu et de la Science.

PARIS

CHEZ J.-B. BAILLIÈRE,

Libraire de l'École de Médecine et du Ministère de l'Instruction Publique,
Rue de l'École de Médecine, 17.

Londres, chez H. BAILLIÈRE, 219, Regent-Street.

AGEN

CHEZ L'AUTEUR, RUE PORTE-NEUVE.

1849.

INTRODUCTION.

La tendance générale des esprits vers les idées positives est venue seconder cette impulsion (vers l'histoire naturelle), et aujourd'hui l'étude de la nature est reconnue comme un des éléments indispensables dans tout système libéral d'éducation. L'Université, d'ordinaire si peu favorable aux innovations, a elle-même senti la nécessité d'en admettre l'enseignement dans les colléges, et désormais cette science ne pourra rester complètement étrangère, même aux hommes qui se contentent de l'instruction élémentaire reçue dans ces établissements.

MILNE-EDWARDS. (*Élém. de Zool.*)

Sous ce titre : *Tableau méthodique et descriptif des Mollusques terrestres et d'eau douce de l'Agenais*, je me suis proposé de donner l'histoire naturelle des invertébrés appartenant à cette branche du règne animal, qui se trouvent sur le sol ou dans les eaux douces de notre circonscription.

Le département de Lot-et-Garonne, coupé par de nombreuses collines où des calcaires sont échelonnés au-dessus de roches tendres, est un des plus favorables au développement des espèces dont nous nous occupons.

La partie élevée fournit un grand nombre d'espèces terrestres; les champs de la plaine ont aussi les leurs; les vallons que parcourent de légers cours d'eau, des fontaines, des marais stagnants, sont riches en espèces aquatiques; enfin notre fleuve et nos rivières promettent à l'amateur d'abondantes richesses.

Il offre aussi toutes les variétés de culture, de sol et de climat. Tandis que les vallées de la Garonne, du Lot et du Gers ressemblent par leur aspect et leur fertilité aux plaines de la Touraine et de l'Anjou, les sables de nos Landes rappellent les tristes déserts de l'Afrique.

Il est une contrée de notre département dont la position géologique diffère complètement du sol général. Je veux parler de Tournon dont les roches suivent la chaîne du Lot et vont se relier aux montagnes de l'Auvergne.

Cette formation, plus ancienne que celle qui s'étend de Beaupuy à Hautes-Vignes et Meilhan, vers l'embouchure du Lot et sur les deux rives de la Garonne, est caractérisée par les nombreuses *gryphées*, *térébratules* et *ammonites* dont certaines couches sont remplies.

Un grand nombre d'espèces habitent ces terrains et lui sont propres, car elles ne se retrouvent dans les plaines de la Garonne qu'apportées par les alluvions de nos cours d'eau[*].

Le sol des Landes est généralement de formation marine, surtout près de Sos, de Rimbès, Baudignan et Gabarret. A Saint-Julien-de-Fargues, les formations marine et lacustre n'alternent pas, mais se relient et se fondent ensemble ; car le troisième dépôt du calcaire gris à limnées touche un dépôt de marne crayeuse remplie d'*ostræa vesicularis* et de quelques moules de bivalves qu'il ne m'a été possible de déterminer.

Là aussi, comme dans les terrains du haut Agenais se trouvent des espèces qui ne dépassent pas la ligne des sables[**] ; mais il est à remarquer que les *fluviatiles céphalés* et *acéphales* y sont aussi communs que dans les vallées, lorsqu'au contraire les environs de Tournon en sont très avares.

Le nombre considérable de Mollusques répandus dans cette partie du bassin sous-pyrénéen est porté à cent trente-

* Ce sont les Helix : *Cornea, Neglecta, Pygmœa; Pomatias maculatum; Bulimus radiatus; Pupa avena*, &.

** Ce sont les Helix : *Ponentina, Fusca; Succinea putris; Pupa tridens*, &.

trois espèces dont deux pourtant sont douteuses. Ce sont :
l'*Helix pomatia* et la *Paludina vivipara*.

La première, trouvée sub-fossile dans nos terrains d'alluvion, m'a été apportée vivante de plusieurs localités opposées. Ces Hélices vivent-elles réellement dans notre département?... Ce fait me paraît douteux, car cette espèce
abonde toujours dans les localités où elle se plaît, à en juger surtout par leur agglomération aux environs de Paris.
Il est de fait cependant que dans les terrains meubles de
quelques coteaux on a trouvé beaucoup de ces Hélices mortes depuis longtemps, et dont le têt avait conservé toute
sa coloration; ce qui me porte à croire que quelque froid
très rigoureux ou une chaleur trop subite les aurait surpri-
ses tout-à-coup et fait périr[*].

La seconde espèce, la *Paludina vivipara,* si commune
dans le canal à Toulouse, n'y était point à l'époque où le
docteur Noulet publia ses Mollusques du bassin sous-pyrénéen. Je ne l'ai point trouvée dans le canal latéral à la Garonne; mais par anticipation j'ai cru devoir la mettre au

---

[*] On ne peut sérieusement admettre que les Romains aient été pour
quelque chose dans l'agglomération de ces coquilles; tous leurs parcs à
limaçons n'y auraient point suffi. Il en est de cela comme de l'*Ostrea
virginiana*, répandue par bancs nombreux et épais, à la même hauteur,
sur tous nos coteaux, et que quelques personnes attribuent aussi au luxe
culinaire des Romains.

nombre des espèces qu'on y rencontre, car peut-être à peine mon travail sera-t-il imprimé que cette *Paludine* sera dans les eaux de notre Canal comme elle est dans celles du Canal du Midi, qui doivent se relier mutuellement.

D'après l'avis de plusieurs savants, j'ai cru pouvoir signaler des espèces qui se trouvent dans les alluvions de nos rivières, bien qu'elles ne soient qu'accidentellement dans notre localité.

J'ai suivi pour la classification la méthode adoptée par M. Sander-Rang dans son *Manuel des Mollusques*, tout en supprimant son genre Helix que lui-même voulait supprimer plus tard. Je m'en suis rapporté alors aux animaux sans vertèbres de Lamarck pour les divisions de ce genre.

J'ai aussi emprunté la synonymie à ce dernier auteur dans la dernière édition où s'est joint M. Deshayes; au *Catalogue* des frères Villa, au docteur Graëlls, à Rossmassler, &., ces divers ouvrages étant le plus au niveau de la science.

Depuis ces publications il a paru quelques ouvrages partiels que je me suis procurés, afin de compléter autant que possible la synonymie des genres et des espèces. J'ai eu à ma disposition les ouvrages les plus importants et une foule de petits traités sur les découvertes nouvelles de presque tous les départements ; à l'aide de ces matériaux et des avis officieux de MM. de Grateloup, Noulet, Dupuy, Deshayes, Charles des Moulins, &. , j'ai pu compléter mes observations et par là aider de mon faible concours à la Statistique départementale, lorsqu'on s'occupera de la *Faune de l'Agenais*.

Je me suis attaché à donner une description détaillée des individus afin que, la coquille à la main, l'on pût les distinguer facilement les uns des autres. Pour les espèces nouvelles ou peu connues, je les ai faites soigneusement dessiner et colorier d'après nature[*].

Les variétés sont pour moi d'une faible importance ; aussi je signale rapidement celles qui m'ont paru le plus s'écarter du type, tant pour la forme que pour la couleur, et je laisse aux amateurs le soin de les collectionner à leur goût.

Les recherches que nécessite l'étude des Mollusques demandent des déplacements fréquents et beaucoup de persévérance ; aussi pour en rendre les commencements moins abstraits, je fais précéder mon ouvrage par un petit aperçu des mots techniques en usage en conchyliologie,

---

(*) Une collection complète des Mollusques du département sera placée au cabinet de la ville, ainsi qu'à celui du petit Séminaire, pour faciliter les sujets de comparaison.

suivi de la manière de rechercher, conserver et classer les Mollusques et leurs coquilles; je l'ai fait dans le but d'être utile aux personnes qui, ne s'étant point occupées de cette science, seraient bien aises de s'initier au moins à la connaissance des espèces indigènes et de leur éviter des recherches pénibles et souvent infructueuses.

Aucun fait, même douteux, n'a été passé sous silence, et toutes les fois que j'ai cru errer j'en ai appelé sans amour-propre au jugement des savants distingués qui m'honorent de leur affection.

Les collections publiques et particulières de Paris, Nantes, Bordeaux, Rochefort, &., &., ont été scrupuleusement visitées par moi, et j'ai pu par analogie comparer les individus sur lesquels j'avais des doutes.

Puisse mon travail, fruit de neuf années d'études, être accueilli avec bienveillance par les Conchyliologistes! je m'estimerai fort heureux et mon but sera atteint!...

Agen, mars 1849.

NOMS DES AUTEURS ET DES OUVRAGES CITÉS.

Abréviations.	
Aldov.	Aldrovandi (Ulyssis).
Alt.	Alten.
Argenv.	d'Argenville.
Bouch.	Bouchard-Chantereaux.
Boud.	Boudich.
Bouil.	Bouillet.
Born.	Born.
Brard.	Brard.
Brug.	Bruguière.
Buv.	Buvignier-Armand.
Col.-des-Ch.	Collard-des-Cherres.
Chem.	Chemnitz.
Cuv.	Cuvier.
Daco.	Dacosta.
Daud.	Daudebard.
Desh.	Deshayes.
Dors.	Dorset.
Drap.	Draparnaud.
Dilw.	Dilwin.
Dup.	Dupuy.
Faur-Big.	Faure-Biguet.
Fav.	Favanne.
Fer.	de Férussac.
Gartn.	Gartner.
Geoff.	Geoffroy.
Gmel.	Gmelin.
Goup.	Goupil.
Gras.	Albin Gras.
Grat.	de Grateloup.
Gronov.	Gronovius.
Gualt.	Gualtièri.
Guér.	Guérin.
Héc.	Hécart.
Kickx.	Kickx.
Kleeb.	Kleeb.

Kn.	Knorr.
Kok.	Kokeill.
Lam.	Lamarck.
Lea.	Lea.
Leach.	Leach.
Linn.	Linné.
List.	Lister.
Marc-de-S.	Marcel-de-Serres.
Maud.	Mauduyt.
Merm.	Mermet.
Moul. (des)	Charles des Moulins.
Montag.	Montagu.
Moq.	Moquin-Tandon.
Mich.	Michaud.
Mill.	Millet.
Mull.	Muller.
Nils.	Nilsson
Noul.	Noulet.
Ock.	Ocken.
Oliv.	Olivi.
Part.	Partiot.
Payr.	Payraudeau.
Parr.	Parreys.
Penn.	Pennant.
Petiv.	Petiver.
Poir.	Poiret.
Pot.	Poliez.
Pfeif.	Pfeiffer.
Pult.	Pulteney.
Puton.	Puton.
Roiss.	de Roissy.
Rossm.	Rossmassler
St.-Sim.	Saint-Simon.
Schr.	Schroeter.
Sturm.	Sturm.
Turt.	Turton.
Weeb.	Weeb.
Villa.	Villa.
Zieg.	Ziegler.

———

CORRESPONDANTS.

—

MM. CAPGRAND (Adrien), pharmacien, à Sos, (Lot-et-Garonne.)
    DESHAYES, naturaliste, à Paris.
    DUBOR (Victor), à Nérac, (Lot-et-Garonne.)
    DUMOULIN, archiviste de la Société Linnéenne de Bordeaux.
    DUPUY (l'abbé), profess. d'histoire naturelle au séminaire d'Auch.
    GRATELOUP (le docteur de), à Bordeaux.
    LAJARD, membre de la Société Linnéenne de Bordeaux.
    LOUBATIÈRES, aîné, à Tournon, (Lot-et-Garonne.)
    MICHAUD (L.-A.-G.), capitaine retr., à Ste-Foy-lès-Lyon, (Rhône.)
    MASSOT (le doct. Paul), à Perpignan.
    MOQUIN-TANDON, directeur du jardin des Plantes, à Toulouse.
    MOULINS (Charles des), à Lanquais, (Dordogne.)
    NOULET (le docteur J.-B.), professeur d'hist. naturelle, à Toulouse.
    PÉDRONI (Paul), Secr.-Général, de la Société Linn. de Bordeaux.
    PERRIS (Édouard), naturaliste, à Mont-de-Marsan.
    REYNIÈS (Paul de), à Toulouse.
    TRENQUELLÉON (L.-B. de), à Feugarolles, (Lot-et-Garonne.)

Confus des bontés de mes Correspondants, je me plais à rendre justice à leur obligeance, pour les envois et les communications qu'ils n'ont cessé de me prodiguer.

Je les prie de recevoir ici mes sincères remercîments comme un faible témoignage de ma reconnaissance.

Agen, Mars 1849.

ÉLÉMENTS

DE CONCHYLIOLOGIE

APPLICABLES

Aux Espèces Terrestres et d'Eau-Douce.

—

COQUILLES UNIVALVES.[*]

La description d'une coquille univalve se fait l'ouverture en bas servant de base, et le tortillon de l'animal formant le sommet.

Coquille : Enveloppe crétacée servant d'abri à la majeure partie des Gastéropodes, et formée par des sels calcaires, dont l'accroissement est dû à la transudation du manteau de l'animal ;

Elle est :

Conoïde, lorsqu'elle affecte la forme d'un cône ;

Globuleuse, quand la hauteur est plus grande que les deux tiers du diamètre ;

Déprimée, quand la hauteur n'est pas plus grande que les deux tiers du diamètre ;

[*] Voir la Planche 1re et ses explications.

Discoïde, lorsqu'elle affecte la forme d'un disque, comme les Planorbes;

Cylindracée, quand elle a la forme d'un cylindre;

Fusiforme quand, amincie par les deux bouts, elle est renflée au centre comme un fuseau;

Ovoïde, lorsque le sommet et la base sont mousses, et le centre fortement renflé, comme un œuf;

Torse, lorsque les tours très convexes et saillants sont séparés par une suture profonde;

Turriculée, lorsque les tours nombreux sont très allongés, peu convexes, et la suture peu profonde;

Turbinée, lorsque le centre est très renflé relativement à la spire;

Tronquée, lorsqu'une partie du sommet ou de la base semble coupée, comme chez le *Bulimus truncatus* et l'*Achatina acicula*;

Tuilée, lorsque le têt est lamelleux et garni d'écailles parallèles les unes sur les autres, comme les tuiles d'un toit;

Striée, quand la surface est ridée soit transversalement, soit longitudinalement par des stries plus ou moins rugueuses;

Hispide, lorsque l'épiderme est garni de poils;

Perforée, quand l'axe présente à la base une cavité trop petite pour laisser voir un ou deux tours de la spire;

Imperforée, lorsque l'extrémité inférieure de l'axe ne laisse voir ni trou, ni ombilic;

Ombiliquée, quand l'axe présente à la base une cavité qui laisse voir un ou deux tours.

Ombilic, est cette cavité qui sépare l'axe du dessous de la coquille, et en fait quelquefois distinguer tous les tours. Il est placé ordinairement après le bord columellaire.

Base, partie de la coquille qui repose sur le cou de l'animal, lorsqu'il marche ou rampe ; elle est opposée à la spire et commence aux tours de l'ouverture.

Sommet, partie opposée à la base et où se trouve le tortillon de l'animal : c'est là qu'est le tour primitif et le premier formé ;

Il est :

Mamelonné, lorsqu'il a la figure d'un mamelon obtus ;
Carié, lorsque sa pointe est corrodée comme chez beaucoup de *Gastéropodes fluviatiles* ;
Pointu, lorsqu'il est très effilé.
Suture, sillon qui joint les spires ensemble ;

Elle est :

Profonde, lorsqu'elle détache nettement les tours ;
Double lorsque, accompagnée d'une strie parallèle, elle forme presque une gouttière.
Dos, c'est la partie opposée à l'ouverture.
Ventre, l'opposé du dos.
Carène, se dit de la partie anguleuse et saillante de l'avant-dernier tour ;

Elle est :

Aiguë, lorsque l'angle est très aminci ;
Mousse, lorsque l'angle est très obtus et comme arrondi.

Capuchon. Ce terme s'applique aux *Ancyles* dont le sommet est crochu, mucroné ; il est central, sub-central, marginal ou presque marginal.

Spire. Ce mot s'applique à la totalité des tours ;

Elle est :

Aiguë, lorsqu'elle s'effile de la base au sommet ;

Aplatie, lorsque les tours se réunissent sur l'axe, comme chez les *Planorbes* et quelques *Hélices ;*

Élevée, lorsque les tours forment une saillie pointue très atténuée ;

Dextre, lorsqu'elle tourne de la gauche vers la droite de l'animal ;

Sénestre, lorsqu'au contraire elle tourne de la droite vers la gauche, comme les *Physes.*

Autrefois on donnait aux coquilles sénestres le nom d'*u-niques.* Maintenant on trouve des genres et des espèces très nombreux tournés ainsi vers la gauche. Le département possède les genres *Physa*, *Clausilia*, et plusieurs *Pupa* ainsi sénestres.

Ouverture, que plusieurs naturalistes ont improprement appelée *bouche*, est la partie par où le Mollusque sort le cou et le pied pour traîner sa coquille ;

Elle est :

Anguleuse, quand la circonférence offre un ou plusieurs angles ;

Plus haute que large, lorsque les bords, supérieur et inférieur, s'écartent de la base au sommet ;

Arrondie, lorsque la forme tend à devenir circulaire ;

Comprimée, quand les bords, supérieur et inférieur, tendent à se rapprocher ;

Semi-lunaire, lorsqu'elle est échancrée par la convexité de l'avant-dernier tour ;

Dentée, lorsqu'elle est garnie de dents ou callosités ;

Plus large que haute, quand les deux bords, droit et gauche, se dilatent et que le supérieur et l'inférieur se surbaissent.

Columelle, axe autour duquel s'enroulent les spires, ou tours de la coquille.

Elle est :

Calleuse, lorsqu'elle se renverse sur l'avant-dernier tour et sur l'ombilic ;

Torse, quand elle s'enroule avec le péristome et forme un ou plusieurs plis ;

Plissée, lorsqu'elle a des plis ou des rides transverses ;

Tronquée, lorsque sa base au lieu de s'arrondir, s'arrête brusquement et ne continue pas avec le bord inférieur du péristome. Ce caractère distingue les deux genres Bulime et Agatine.

Péristome, se dit des bords du premier tour circulaire ouvert ;

Il est :

Simple, lorsque ses bords, interne ou externe, sont

dépourvus de bourrelet, comme les *Helix olivetorum*, *cel laria*, &;

Réfléchi, lorsqu'il est renversé en dehors, comme les *Helix aspersa*, *cornea*, &;

Bordé, lorsqu'il a un bourrelet intérieur, comme les *Helix hispida*, *cespitum*, *variabilis*, &;

Continu, quand le bord latéral et le columellaire se joignent ensemble, comme le *Cyclostoma elegans*, *Paludina impura*, *Helix lacipida*, &;

Disjoint ou *discontinu*, lorsque les deux bords au lieu de se réunir, s'arrêtent sur la columelle et laissent un vide à sa base, comme les *Helix variabilis*, *limbata*, *aspersa*, &.

Bords, sont les parties de l'ouverture qui la terminent; ils sont : latéral, columellaire, supérieur et inférieur;

Latéral, est celui placé à la droite de l'observateur;

Columellaire, est opposé au bord latéral en suivant la columelle;

Inférieur, celui qui repose sur la partie appelée base;

Supérieur, ne s'emploie que pour les espèces à *péristome continu*, là où est la columelle.

Opercule, petite pièce calcaire ou cornée, à stries concentriques ou spyriformes, dont l'utilité est de clore l'ouverture et de mettre l'animal à l'abri des corps extérieurs. Il est fixé au-dessus de la partie postérieure du pied et se redresse par le retrait de cet organe dans l'intérieur de la coquille et la ferme hermétiquement.

Epiphragme, opercule libre et temporaire de plusieurs Gastéropodes. Il est ordinairement papyracé ou crétacé, rarement calcaire et jamais corné. Le Mollusque le secrète au moyen de sa bave lorsqu'il veut jeûner ou passer l'hiver. Quand il veut sortir de sa coquille, il humecte les bords de l'*épiphragme* et le fait tomber.

Jamais cette cloison n'est adhérente à l'animal ; elle doit être renouvelée toutes les fois qu'il veut hiverner.

Limacelle, c'est la coquille ou rudiment calcaire, à zones tuilées qui se trouve sous le manteau des *Limaces* proprement dites, tandis que les *Arions* n'ont que quelques granulations non adhérentes entre elles.

Épiderme, sorte de membrane cornée, mince, sèche, recouvrant le têt de presque tous les Gastéropodes et Acéphales, et qui a la faculté de s'y maintenir sans cependant avoir une adhérence évidente.

La coloration de l'épiderme est produite par le *pigmentum* coloré des bords de la peau. Ce sont des molécules qui se déposent au-dessus du calcaire et qui sont d'une autre nature, puisqu'elles disparaissent avec le temps et par l'action de la chaleur ; aussi la couleur est-elle d'autant plus vive que l'animal est plus jeune et que la partie produite de la coquille est plus nouvelle. (*Blainv.*)

Les coquilles peuvent être :

Sillonnées, quand la superficie offre des sillons creux plus évasés que les stries ;

Radiées, quand de la circonférence partent des rayons divergents ;

Fasciées, lorsque le têt est coloré de bandes un peu larges ;

Elles sont :

Interrompues, quand les facies se trouvent coupées par des linéoles d'une autre couleur.

On dit aussi qu'une coquille est interrompue lorsque les stries d'accroissement sont marquées par des anneaux saillants.

On reconnaît qu'une coquille univalve est adulte lorsque la columelle est arrondie et se joint au bord inférieur. Lorsqu'elle est droite, quand même le péristome serait bordé d'un ou de plusieurs bourrelets, la coquille ne serait pas arrivée à son entier développement, ces bourrelets n'étant que les points d'arrêt qu'a subis le têt pendant son accroissement.

Quelques Hélices, et presque tous les fluviatiles ont les bords simples ; malgré cela ils sont adultes, et il n'y a que le genre Agatine dont la base de la columelle soit tronquée.

COQUILLES BIVALVES.

Pour décrire une bivalve, on la pose les bords des valves touchant le sol et les crochets en l'air, lorsqu'il s'agit des caractères extérieurs. On pose au contraire les crochets sur le sol, lorsque l'on veut décrire l'intérieur, la partie antérieure en avant, le rostre vers soi.

On nomme bivalve toute coquille composée de deux parties réunies par un ligament.

Base. On nomme ainsi les bords libres de la coquille.

Bords, partie libre des valves ;

Ils sont :

Postérieurs, quand dans la position normale ils sont légèrement avancés en dessus du pied de l'animal et sortent au-dessus de la vase ;

Antérieurs, ceux opposés et d'où sort le pied.

Rostre, se dit de la partie de la coquille, avancée en forme de bec et plus allongée que celle qui lui est opposée, comme chez les Mulettes et les Anodontes, ainsi que chez les Pisidium.

Corselet, c'est la partie du bord antérieur qui, chez quelques bivalves, est séparé du disque par une carène saillante ou par une ligne enfoncée, comme les Mulettes et les Anodontes.

Charnière. C'est la partie épaisse de la circonférence des valves, où se trouvent les dents et les fossettes qui y correspondent, et que recouvre et retient le ligament. L'utilité de la charnière est de fixer les valves l'une dans l'autre, et de les aider à se mouvoir ;

Elle est :

Longitudinale, lorsqu'elle occupe toute la partie du ligament.

Coquille. La coquille des Acéphales fluviatiles est formée de deux pièces ou battants, réunis à leur sommet par un ligament corné, épais, apparent et presque toujours extérieur ;

Elle est :

Baillante, lorsqu'une partie de ses bords n'adhère pas à l'autre ;

Comprimée, quand les valves se pressent l'une sur l'autre sans convexité ;

Édentée, lorsque la charnière est dépourvue de dents, comme les Anodontes ;

Équilatérale, quand la moitié antérieure est égale par sa forme et sa figure à la moitié postérieure ;

Équivalve, lorsque les valves sont en tout semblables, de forme, de taille, &. ;

Globuleuse, lorsque les deux moitiés, antérieure et postérieure, diffèrent entre elles de forme et de grandeur ;

Inéquivalve, quand les deux sont inégales entre elles par leur taille et leur configuration ;

Irrégulière, quand la forme d'une espèce varie beaucoup par les individus, comme l'*Unio littoralis*;

Orbiculaire, lorsque les valves convexes d'une coquille vont en s'amoindrissant d'une manière insensible du centre aux bords;

Radiée, lorsque des sommets aux bords partent des rayons divergents;

Régulière, quand tous les individus d'une même espèce sont de forme constante et ne varient pas entre eux;

Rostrée, lorsque des sommets à l'une des parties antérieure ou postérieure le ligament s'allonge et que la coquille prend la forme d'un bec;

Ronde, quand des sommets aux bords il n'existe point de parties anguleuses;

Transversale, lorsque la largeur des valves surpasse leur longueur.

Dents, ce sont les protubérances nacrées, qui forment l'intérieur de la charnière et qui servent à fixer les valves l'une contre l'autre;

Elles sont :

Articulées, lorsqu'elles sont reçues dans des cavités de la valve opposée;

Bifides, lorsqu'elles sont digitées en forme de fourche;

Cardinales, quand elles se trouvent placées en face des crochets des sommets;

Longitudinales, lorsqu'elles parcourent la longueur des valves sur la charnière;

Antérieures, quand elles sont vers les bords antérieurs;

Postérieures, lorsqu'elles sont près de la lunule.

Disque. Convexité des valves.

Écusson. Ce mot s'applique à l'espace renfermé près le bord antérieur des valves, dans l'intérieur du corselet, et que signalent quelques stries ou une couleur différente.

Corselet. Partie du bord antérieur, séparée du disque par une carène saillante ou par un *sinus*.

Face antérieure. C'est la partie des valves où est placé le ligament.

Face postérieure, le contraire de l'antérieure, se prend des sommets au tiers de la circonférence.

Fossettes. Ce sont les cavités de la charnière, destinées à recevoir les dents de la valve opposée.

Impressions musculaires. On donne ce nom aux dépressions qui se voient en arrière et en avant de la charnière contre la lunule, et qui servent à retenir la coquille.

Impression palléale. Trace de l'adhérence des bords du manteau avec les valves; elle est à peu près parallèle au bord inférieur de la coquille, et réunit l'impression musculaire antérieure à la postérieure.

Ligament. Substance cornée, élastique, à l'état vivant, sèche et cassante après la mort, située entre les deux valves, aux sommets, et qui sert à retenir la charnière.

Limbe. Circonférence des valves en dedans des bords.

Lunule. Partie concave, intérieure, placée sous les natèces, et où repose le corps de l'animal, surtout l'anus.

Sommets ou *Natèces*. C'est la partie proéminente des

bivalves, placée au-dessus de la lunule et des dents cardinales.

Crochets. Partie crochue et rentrante des sommets, là où elle forme une légère spirale.

Valves. Ce sont les deux pièces testacées qui recouvrent l'animal ;

Elles sont :

Sinueuses, lorsqu'elles sont marquées d'une dépression longitudinale qui se termine aux bords.

Ventre. On applique ce nom à la partie la plus renflée qui se trouve ordinairement près de la base.

Quant aux stries, couleurs, sillons, &., il en est de même que pour les univalves.

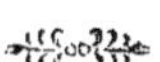

RECHERCHE DES MOLLUSQUES.

—

Les Mollusques terrestres, à quelques exceptions près, habitent de préférence les endroits ombragés et humides, surtout à l'exposition du levant. Quelques espèces affectionnent les détritus calcaires des roches arides et les pans de vieilles murailles; mais là où il faut surtout les chercher c'est sous les amas de feuilles mortes ou au pied des vieux troncs d'arbres.

Plusieurs espèces d'Hélices, Bulimes, Ambrettes, Vitrines, &., se trouvent dans le voisinage des eaux, sous l'herbe épaisse; généralement elles rampent sur la terre et s'élèvent peu sur les végétaux. Les plantations de jettins de saule des bords de la Garonne sont surtout fort riches en individus rares : c'est là que se trouvent en abondance les Helix *Fulva, Nitida, Cellaria, Hispida;* les *Clausilia, Plicatula, Bidens; Pupa muscorum, Marginata; Bulimus lubricus* et *Achatina acicula.*

Une grande partie de Maillots se plaisent sur les rochers, surtout parmi les pierres sèches des murs de clôture. On les trouve mêlés avec les *Clausilia rugosa, parvula; Pupa umbilicata; Helix rupestris,* &.

Quelques espèces sont crépusculaires ou nocturnes. On

ne peut les rencontrer qu'après le coucher du soleil, comme la plupart des Limaces et la Testacelle.

Il faut se munir de pinces, dites *bruxelles*, assez longues et flexibles, afin de prendre le plus de soin possible en saisissant les petites espèces qui se brisent facilement.

Un flacon à large goulot, garni de coton fin et cardé, est nécessaire pour y glisser les espèces fragiles et les petits Mollusques lacustres*; et une boîte en fer-blanc, assez grande, doit être réservée aux gros échantillons. Pour éviter de les briser on peut introduire quelques feuilles de plantes, mais les plus grandes et les plus lisses possible, celles enfin qui offrent le plus de facilité à l'inspection, dans le cas où une coquille s'égarerait.

Il est urgent d'avoir avec soi un couteau à lame solide pour fouïr la terre là où l'on suppose que vivent des Mollusques tels que Testacelles, Hélices, Bulimes, &.; un petit marteau pour briser les fragments de roches où vivent quelques Helix, *Pupa* et *Clausilia*; enfin un troubleau** triangulaire avec une douille en fer-blanc qui puisse s'adapter à un fort jonc de promenade : la gaze doit être assez serrée afin d'éviter le passage des espèces minimes.

On aura soin, pour les espèces aquatiques, de plonger le troubleau dans toutes les mares, les fossés herbeux, les

---

* Il faut éviter de jeter ces individus dans l'eau, un peu d'herbe humide suffit; arrivé chez soi, on pourra sans inconvénient les placer dans un bocal avec l'eau de pluie mêlée d'eau de fontaine, recouverte de lentilles.

** Filet pour la pêche des insectes aquatiques.

fontaines et généralement tous les endroits contenant de l'eau. Il ne faut pas négliger de racler les parois, les vases du fond, et de bien laver le filet pour y découvrir les petites bivalves qui y vivent exclusivement.

Il faudra visiter le troubleau après l'exploration de chaque mare ou fontaine, afin de signaler exactement l'habitat des espèces qui pourraient sans cela se confondre avec d'autres.

Pour les grandes espèces de bivalves, il est urgent de se munir d'une sorte de trident très concave en dessus et garni d'une gaze métallique ordinaire. Ce trident ou cuiller devra être promené dans les vases liquides où l'on est certain de rencontrer les Mulettes, les Anodontes; une foule de Cyclades, Pisidies et même des Valvées et des Paludines.

Lorsque les vases sont trop consistantes on ne peut se procurer les espèces qui y sont enfouïes qu'en entrant soi-même dans les nasses, à moins de donner un salaire à un pêcheur qui consentirait à y pénétrer.

Il faut avoir grand soin de visiter les détritus laissés sur les berges des cours d'eau par les débordements. C'est dans ces alluvions que se trouvent les espèces les plus difficiles à recueillir. Telles sont les Valvées, Carychie, Acmée, Pupa, et les petits individus d'Hélices et Paludines.

Pour ne pas rester trop longtemps sur les berges, il suffit d'emporter une certaine quantité des détritus les plus menus que l'on fait sécher sur des linges fins, soit au soleil ou à l'étuve. On en prend une petite poignée que l'on étend sur un couvercle de grande boîte dont le fond est blanc ; les bords de la boîte retiennent suffisamment les individus minimes* ; et alors, à l'aide d'une loupe à large foyer et de pinces-bruxelles, on cherche avec soin tout ce qui s'y trouve, on le jette dans une boîte, et on fait ensuite le triage des espèces que l'on recherche de préférence.

* Il s'agit ici de la concavité du couvercle de la boîte.

DE LA CONSERVATION

DES MOLLUSQUES.

—

Il y a plusieurs manières de conserver les coquilles avec leurs animaux; mais la plus communément adoptée consiste à jeter le Mollusque dans une eau saturée de sel, et à le laisser là jusqu'à sa mort. On le retire alors, on le lave à l'eau fraîche pour enlever les mucosités et les corps étrangers qui le souillent; et une fois propre, on le jette dans l'alcool mélangé d'eau, à la force de vingt degrés. Si on veut le conserver sans sa coquille, il faut l'attacher avec un fil à l'extrémité antérieure du manteau pour les Limaces et Testacelles; par le mufle s'il s'agit d'un univalve, et par le pied si c'est un bivalve qu'on veut conserver. Une fois les fils attachés au bouchon, on ferme l'orifice du flacon destiné à cet usage, et on lute le tout avec soin.

Lorsqu'on veut posséder les coquilles sans les animaux qu'elles enveloppent, il faut avoir soin de les jeter dans de l'eau fraîche et les laisser se bien développer. On aura soin de tenir prêts : un flacon rempli d'esprit de vin et un pot d'eau bouillante. On précipite le Mollusque dans le premier, on l'y laisse à peu près dix à douze minutes et on le retire.

Si l'animal est jeté en dehors de sa coquille, on le saisit avec les pinces et on lui imprime un mouvement spiral assez rapide afin de ne pas trop le heurter et briser le muscle columellaire, car pour peu qu'il y ait une partie du Mollusque dans l'intérieur, la coquille reste tachée pour toujours.

Si, au contraire, l'animal reste contracté au fond du premier tour, il faut aller le chercher à l'aide d'une forte épingle recourbée en hameçon dans le sens des spires. Comme il arrive quelquefois, surtout pour les Planorbes, que le Mollusque reste enfoncé très avant, et qu'une épingle risquerait de briser le têt, on doit alors se servir d'un crochet en cuivre très délié et emmanché à un morceau de bois assez fort pour résister à la pression des doigts.

.Si l'animal jeté dans l'esprit-de-vin montre encore quelques difficultés d'extraction, on le précipite dans l'eau bouillante qui doit être à portée, sur un fourneau; on le retire cinq minutes après, on le jette dans de l'eau fraîche pour éviter les brûlures, et on recommence l'extraction. Il est rare que cette opération ne soit pas suffisante, même pour les Planorbes.

Comme la plupart sont chargés de mucus, il devient indispensable de les brosser et de les laver à l'eau fraîche.

Les coquilles bivalves sont beaucoup plus faciles à vider que les univalves; il suffit en général de les exposer au soleil; et lorsqu'elles ouvrent les valves, on les en retire avec un couteau bien tranchant, comme cela se pratique pour l'huître comestible. Cependant lorsqu'on tient à avoir des échantillons bien intacts et auxquels nul muscle ne reste et ne tache la nacre intérieure ; on les plonge une minute dans l'eau bouillante, et alors on ôte l'animal sans effort et sans qu'il reste rien à la charnière ni aux impressions musculaires et palléales.

Après cette opération qu'il faut éviter de prolonger, à cause du ligament qui se durcirait trop et perdrait son élasticité, il faut presser les valves, les réunir le plus possible avec du fil plus ou moins fort, selon les espèces, les bien brosser à l'eau fraîche et les placer dans un lieu sec.

On reconnaît qu'une bivalve est adulte lorsque les bords libres sont renflés à l'impression palléale et plus ou moins épaissis, selon les genres.

DU

CLASSEMENT DES COQUILLES.

La majeure partie des collections particulières sont renfermées dans des meubles à tiroirs, et les coquilles collées une du côté de l'ouverture et l'autre du côté du dos, afin d'en montrer les caractères génériques. Les individus sont assujettis sur des cartons épais où est inscrit en tête le nom du genre et en dessous celui de l'espèce, ainsi que celui de l'auteur qui l'a décrite, le lieu qu'elle habite, et si on l'a reçue soit en échange ou en cadeau, le nom du donateur avec l'époque de sa réception.

La matière généralement employée pour coller les coquilles est un résidu de gomme arabique saturé de sucre candi à petite dose, mêlé avec du coton haché menu; ces deux dernières matières donnent beaucoup plus d'adhérence à la gomme et fixent même les espèces les plus lisses.

D'autres personnes placent les coquilles dans de petites boîtes en carton mince, sans couvercle, et ne les y fixent point. Ce mode est sans contredit le plus facile pour l'étude; mais il arrive aussi que, fort souvent, une espèce rare disparaît sans que l'on se rende compte de sa disparition.

Les collections les plus agréables au coup d'œil sont comme celles du Muséum de Paris, c'est-à-dire dans des vitrines reposant sur de longues tables et collées sur des cartons ; mais comme il faut un grand espace, les particuliers ont été obligés d'en abandonner l'usage.

Il en est d'autres placées dans des armoires vitrées, collées sur des cartons et reposant sur des gradins. Cette manière convient surtout aux collections des Établissements, des Communautés et des Cabinets des villes de province, car le coup d'œil ne laisse rien à désirer et l'étude ne peut en souffrir.

J'ai cru devoir indiquer toutes ces méthodes afin d'en laisser le choix aux commençants : trop heureux si j'ai pu, dans ce petit aperçu, leur aplanir les difficultés que j'ai eu à surmonter moi-même.

MOLLUSQUES

TERRESTRES ET D'EAU DOUCE

DE L'AGENAIS.

DEUXIÈME PARTIE.

ANATOMIE GÉNÉRALE.

Les Mollusques sont des animaux mous, à sang-froid, blanc ou azuré; sans moelle épinière et dépourvus de charpente osseuse; ils sont recouverts le plus souvent par une pièce calcaire appelée coquille, quelquefois par deux pièces réunies au sommet et libres vers la base; en dernier lieu possédant seulement un osselet intérieur ou quelques grains calcaires : il n'est pour nos pays que la Testacelle ormier, parmi les Mollusques nus, qui possède une petite coquille apparente recouvrant l'anus.

Le système nerveux est composé d'une masse ganglionnaire entourée par le collier médullaire, opposé au tube digestif. Ces ganglions sont fort simples en partant du centre, mais ils finissent toujours par des renflements plus prononcés. Ils servent à tous les mouvements des différents organes, à la locomotion, à la manducation, à la préhension.

La peau des Mollusques est visqueuse, molle, et presque toujours granuleuse ou chagrinée : elle s'allonge ou se contracte facilement, et par ses pores ouverts elle secrète un mucus presque toujours fort abondant. Le manteau des Gastéropodes servant à les protéger, est d'une consistance double au tissu pituitaire du reste du corps ; les sensations atmosphériques produites par la sécheresse ou l'humidité sont très sensibles sur ses parties extérieures.

D'après MM. Milne–Edwards et Valenciennes, le système circulatoire des Mollusques serait loin d'être aussi parfait que celui des vertébrés. Dans un Mémoire présenté aux séances du 5 novembre 1844 et 17 mars 1845, ils ont démontré[*] :

« 1° Que l'appareil vasculaire n'est complet chez aucun « Mollusque ;

« 2° Dans une portion plus ou moins considérable du « cercle circulatoire, les veines manquent complètement « et sont remplacées par des lacunes ou par les grandes « cavités du corps ; ainsi toujours par la cavité viscérale « qui, par conséquent, tient lieu chez les Mollusques d'une « portion du cercle circulatoire ;

« 3° Que souvent les veines manquent complètement

---

[*] Nous ne donnons que ce qui concerne les Mollusques dont nous nous occupons.

« (comme chez les Crustacées); et qu'alors le sang dis-
« tribué dans toutes les parties de l'économie, au moyen
« des artères, ne revient vers la surface respiratoire que
« par les interstices ci-dessus indiqués;

« 4° Que ces interstices tiennent lieu, chez beaucoup
« de Mollusques, du réseau capillaire; et chez quelques
« autres, d'un grand nombre d'artères;

« 5° Que la simplification du système circulatoire est
« plus grande à mesure qu'on s'éloigne des Céphalopodes*,
« les premiers des Mollusques.

« Chez le Triton** et le Colimaçon (deux Gastéropodes),
« on trouve un degré de plus dans le perfectionnement du
« système circulatoire, car les veines commencent à se
« constituer sous la forme de tubes membraneux dans cer-
« taines parties de l'économie; elles manquent encore et
« sont remplacées par de simples lacunes dans le système
« musculaire et dans l'espace compris entre les principaux
« viscères et l'organe respiratoire.

« On peut alors expliquer de la manière suivante la cir-
« culation des Mollusques :

« Un cœur formé d'un ventricule et d'une ou deux
« oreillettes se trouve sur le trajet du sang artériel, le
« reçoit et le distribue dans toutes les parties de l'éco-
« nomie par des tubes rameux; le sang revient ensuite

---

* Mollusques marins, comme la Sèche, le Poulpe, le Calmar, le Nau-
tile, etc.

** Mollusque marin, famille des Gastéropodes pectinibranches, tribu
des Buccinoïdes.

« ou par des lacunes qui tiennent lieu de capillaire et de
« veines ; ou par des lacunes et des veines, ou par des
« capillaires et des veines, jusque dans la cavité viscérale,
« s'épanche dans cette cavité, baigne le tube digestif et
« pénètre ensuite dans d'autres lacunes ou canaux destinés
« à le mettre en contact avec le fluide respiratoire, et à le
« porter jusque dans le cœur aortique.

« Cette belle découverte explique parfaitement les phé-
« nomènes d'érection du pied et des tentacules de certains
« Mollusques, et l'absence chez tous ces animaux de sys-
« tème lymphatique : Le sang va chercher lui-même les
« produits de la digestion ou le *chyle*, sans attendre que
« des canaux particuliers le lui apportent. Aussitôt la sor-
« tie des papilles le chyle tombe, pour ainsi dire, dans
« le sang. »

M. Valenciennes a également découvert l'existence d'un
canal creusé dans le pied de certains Mollusques, canal par
lequel la cavité viscérale communiquerait avec le fluide
ambiant. — (15 *juin* 1845.)

La respiration s'opère toujours à l'aide de l'organe essen-
tiel, mais aussi par les pores absorbants, l'oxigène passant facilement entre les parties pituitaires de la peau*,
pour les terrestres et les Pulmonées aquatiques ; pour les

---

* J'ai expérimenté sur des Planorbes cornés ; mis dans un flacon rempli d'eau et privés d'air, ils ont de suite rougi ce liquide à l'aide de cette
exsudation qui leur est propre ; plusieurs moururent aussitôt ; les autres, extraits du flacon et exposés à l'air, sur un plat, conservèrent toute
leur vitalité ; et, replongés dans une mare, ils se mirent à ramper au
même instant.

Pectinibranches et pour les Acéphales, elle s'opère à l'aide de branchies.

Le goût est nul chez les Acéphales ; ils n'ont aucun indice d'appareil salivaire ni de mastication, et surtout point de bile. Ils prennent leur nourriture à l'aide des appendices labiaux, en attirant ainsi les particules microscopiques par un mouvement ondulatoire, et en les faisant précipiter comme dans un entonnoir. Le même moyen leur réussit pour dégager l'air ambiant.

Les Céphalés ont fort peu de goût et mangent indifféremment les matières putrides comme les plantes fraîches.

L'intelligence est complètement nulle chez tous les Mollusques.

L'odorat est fortement développé chez les Céphalés, il est nul chez les Acéphales.

L'organe de la vision dont sont dépourvus les bivalves est très peu développé chez les Gastéropodes. Il permet tout au plus de pressentir, soit dans l'eau, soit dans l'air, les moindres variations atmosphériques. Ils peuvent distinguer vaguement la différence de la lumière diurne d'avec l'obscurité de la nuit.

Les tentacules sont pourvus, à la base ou au sommet, d'un cristallin très apparent, très simple dans sa composition, et dirigé par un fort petit nerf rétractile.

L'organe de l'ouïe est nul. Plusieurs expériences, fort souvent répétées, m'ont conduit à certifier le fait que les Mollusques étaient incapables de rien entendre, mais seulement de ressentir sur le tissu cutané les commotions résultant d'un choc quelconque.

La mastication des Hélices et autres Gastéropodes est très active et se fait à l'aide d'une dent supérieure sur laquelle agit le renflement lingual dans sa partie antérieure. J'ai vu la partie buccale de l'*helix Nemoralis*, à un fort grossissement ; elle est composée de rugosités oblongues, à angles très obtus et rangées symétriquement comme des ardoises sur un toit ; l'action de ces rugosités sur les plantes et les matières dont se nourrissent ces animaux est assez expliquée par la voracité de quelques espèces[*].

La digestion est très active chez les Céphalés, bien moins chez les Acéphales ; la dépuration urinaire des premiers, surtout des hélices, est secrétée par le rein ; cette sécrétion est, d'après Jacobson, composée de purpurate de chaux.

La masse viscérale est toujours logée dans le tortillon de la coquille pour les Gastéropodes testacés ; chez les Limaces et autres Mollusques nus elle se répartit depuis l'abdomen jusqu'à l'anus ; chez les Acéphales elle est répartie entre le muscle antérieur, l'intestin rectum et l'anus.

LES GASTÉROPODES. (Cuvier.)

Cuvier fut le premier qui donna ce nom à des Mollusques dont le pied placé sous le ventre sert à la reptation, comme l'indique la traduction des deux mots grecs : *ventre-*

---

[*] M. Moquin-Tandon s'est occupé de la partie buccale des Hélices de la France, dans des Mémoires insérés aux *Annales de l'académie des sciences de Toulouse*, année 1848. D'après ce savant observateur, la classification des familles deviendrait ainsi très facile, et les groupes formés jusqu'à présent ne seraient nullement en rapport avec l'anatomie qu'il en a faite.

pied ; cette détermination amena de grands changements dans la science conchyliologique ; et, comme le fait observer M. Deshayes, elle a été la cause de l'impossibilité irrévocable de la méthode Linnéenne.

Les individus de cette classe de Mollusques sont généralement recouverts d'un têt calcaire univalve-extérieur qui leur sert d'abri, ou d'une pièce également calcaire ou granulaire interne. Ils rampent sur un pied placé sous l'abdomen, duquel il est séparé ou auquel il est réuni quelquefois, comme chez les Limaces, Testacelles, &.

Ils sont munis de deux à quatre tentacules, dont les supérieurs, plus grands, sont toujours oculés au sommet ou à la base.

Les Gastéropodes terrestres sont pourvus de quatre tentacules rétractiles, les supérieurs oculés au sommet : c'est là surtout que réside le sens du toucher et celui moins parfait de l'olfaction. Le moindre corps étranger qui les touche les fait subitement rentrer dans la tête, comme un doigt de gant retourné.

Les Gastéropodes fluviatiles n'ont que deux tentacules ; et au lieu d'être oculés au sommet, comme ceux des précédents, ils ont les yeux placés à la base, soit interne ou externe ; ils ne rentrent pas dans une gaîne et se baissent sur les côtés ; ils sont nommés contractiles.

La forme générale de la tête affecte celle d'un mufle ; la bouche est placée au-dessous ; et comme je l'ai dit à l'article *mastication,* la facilité avec laquelle ces Mollusques dévorent les a fait considérer avec raison comme de véritables fléaux par les agriculteurs.

Après la tête vient le manteau, pièce ordinairement musculaire, chagrinée, qui entoure le cou en partie, s'allonge et se réunit au dos chez plusieurs, tandis que chez d'autres il s'en sépare. Cette partie du Mollusque sert à le garantir lorsque quelque ennemi l'attaque, car il a la faculté de recouvrir instantanément l'animal quand il est nu, ou à l'aider à rentrer dans sa coquille lorsqu'il est Testacé.

C'est du manteau que transude le carbonate de chaux qui sert à la formation et à l'accroissement du têt. Il est facile de s'en convaincre en fracturant une coquille; sa cassure se recouvre aussitôt d'une pellicule d'abord papyracée et friable, mais qui bientôt acquiert la même dureté que le reste.

C'est aussi du manteau que partent les premières traces de la coloration des coquilles. On s'en aperçoit aisément aux lignes qui suivent ses bords et se perdent insensiblement sur le dos. Brard, dans son *Histoire des Coquilles terrestres et fluviatiles des environs de Paris*, page 43, avance l'opinion que la matière colorante des Mollusques serait due à l'oxide de manganèse. Je n'ai pu vérifier ce fait, mais je crois que l'on peut, sans trop de scrupule, se ranger de l'avis de ce savant observateur.

C'est ordinairement à côté du manteau qu'est situé l'orifice respiratoire qui sert aussi à la copulation et aux déjections fécales. L'organe mâle est généralement placé à la base du tentacule droit.

Le pied servant à la locomotion affecte le plus souvent la forme d'un disque plus ou moins large, plus ou moins allongé, selon les espèces. C'est une masse fibreuse, charnue, qui secrète une humeur gluante, visqueuse, dont le but est de donner de l'adhérence à l'animal lorsqu'il rampe sur une surface polie. La reptation des Gastéropodes se fait par une sorte de glissement ondulatoire, produit par les fibres entrelacées qui forment le plan locomoteur. Ce glissement est produit par un mouvement continu des faisceaux qui, se succédant du premier au dernier, rendent la marche tout-à-fait uniforme.

Le corps des Gastéropodes nus est droit et repose sur un plan auquel le pied joint au corps sert de base. Chez les Testacées, au contraire, il est roulé en spirale dans l'intérieur de la coquille et prend alors le nom de *tortillon*.

Ces Mollusques s'accouplent entre eux, mais ils réunissent, presque tous, les deux sexes. La plupart pondent des œufs et sont nommés *Ovipares;* d'autres ont la coquille toute formée dans l'œuf et sont nommés *Ovovivipares;* d'autres enfin viennent au jour animaux parfaits et prennent le nom de *Vivipares*[*].

La durée de la vie chez les Gastéropodes ne dépasse guère trois à quatre ans.

LES ACÉPHALES. (Cuvier.)

Cuvier fut encore le premier qui imposa aux Mollusques bivalves le nom d'Acéphales, traduction des deux mots grecs *privé* et *tête,* ou animaux sans tête; ce sont en effet

[*] Voyez plus loin, article *Embryogénie.*

des Mollusques sans apparence d'organisation vitale, et par conséquent moins intéressants que les précédents.

Les Anodontes, Mulettes, Cyclades et Pisidies sont les seuls Acéphales dont nous ayons à nous occuper.

Ces Mollusques inférieurs se suffisent à eux-mêmes et procréent sans accouplement, les organes mâle et femelle étant réunis ; à des temps donnés, chaque individu dépose les embryons destinés à perpétuer son espèce.

Les petits Mollusques des Anodontes, des Mulettes, des Cyclades et des Pisidies sont logés entre les lobes du manteau et des branchies ; ils en sont expulsés lorsqu'ils ont atteint assez de volume et de force pour ramper dans la vase. La forme de la coquille, quoique déjà très apparente, diffère beaucoup de celle qu'elle doit avoir lorsqu'elle aura atteint son entier développement.

L'accroissement peut varier pour l'état parfait d'un an à deux.

Les Mulettes et les Anodontes sont munies d'un manteau large très ouvert et recouvrant le corps dans toute son étendue ; il est légèrement contractile sans cependant s'éloigner beaucoup de l'impression palléale. Les branchies en forme de feuillets minces suivent presque les bords du manteau : ces branchies dont l'apparence rappelle les gazes plissées et gaufrées très menu, servent à dégager l'air ambiant nécessaire à la respiration du Mollusque. C'est surtout au commencement d'un tube que dévoile l'existence de papilles tentaculaires que la séparation de l'oxigène se fait d'une manière plus régulière. Ces papilles sont situées à la partie postérieure où se trouve placé l'orifice excrémentiel ou anus.

La bouche, située au-dessous de la lunule de la coquille, s'ouvre en avant du foie, dont la masse est enveloppée par les intestins et l'estomac. Le cœur est placé à la partie postérieure de l'orifice anus.

Le corps est placé au centre, entre les branchies que recouvre en entier le manteau. A la partie antérieure adhère un muscle plus ou moins fort; quelquefois quadrangulaire, comme chez les Mulettes et Anodontes; d'autres fois sub-cylindrique, comme chez les Cyclades et les Pisidies. Cet organe sert à l'animal lorsqu'il rampe dans la vase ou sur les plantes aquatiques, et constitue pour lui un véritable pied.

Les Acéphales habitent toujours dans l'eau, ne pouvant se mouvoir sur la terre, à l'air libre, car leurs branchies seraient trop vite desséchées par la chaleur, et la mort serait inévitable après trois ou quatre jours. Toutes les espèces de nos contrées vivent dans les rivières, les ruisseaux et les étangs, cherchant de préférence les parties sableuses ou vaseuses, là où l'eau plus tranquille leur permet d'adhérer plus fortement.

La durée de la vie chez les Acéphales n'est pas rigoureusement déterminée; cependant il est probable que la plupart des Mulettes et Anodontes ne vivent pas plus de quatre à cinq ans.

EMBRYOGÉNIE

DES GASTÉROPODES.

—

L'accouplement des Gastéropodes diffère selon les genres et les espèces ; il est le même chez les *Ambrettes*, *Hélices*, *Limaces*, *Testacelles*, *Arions*, *Bulimes*, *Clausilies*,
Maillots, *Vertigos*, &. Il diffère chez les *Linnées*, *Planorbes*, *Cyclostomes*, *Physes*, *Valvées*, *Paludines*, &.

Les premiers s'accouplent de deux en deux ; et possédant
chacun les deux sexes réunis, ils fonctionnent à la fois
comme mâle et comme femelle*. C'est habituellement par
un temps orageux et lorsque l'air est saturé d'électricité,
que les individus plus vivement excités se recherchent.

Une fois qu'un couple s'est rencontré, les caresses commencent, les morsures les plus violentes se succèdent rapidement ; le plus faible des deux animaux se retire, mais
son compagnon le poursuit toujours ; et alors, s'excitant
par des préludes à l'œuvre qu'ils veulent accomplir, leurs
orifices respiratoires se dilatent fortement, leurs tentacules s'affaissent, et se renversant vivement sur leurs plans
locomoteurs opposés l'un à l'autre, ils se lient étroitement.

---

* On les nomme *Monoïques*.

L'organe mâle, placé à la base du tentacule droit sort alors, et l'accouplement a lieu. C'est pendant une moyenne d'un quart d'heure que les deux Mollusques attachés ainsi se fécondent mutuellement. J'ai eu chez moi des Limaces et des Hélices qui sont restées unies près d'une heure pendant la copulation.

Après s'être séparés, les individus ainsi fécondés cherchent dans la terre friable ou dans des trous humides un endroit convenable pour y déposer leur ponte. Ils creusent la terre à l'aide du mufle, et quelquefois assez profondément.

Les Hélices, Limaces, Ambrettes, Bulimes, &., creusent à cinq, six, sept et huit centimètres. Les œufs éclosent habituellement du vingtième au quarantième jour.

J'ai fait diverses expériences, notamment sur les *Helix aspersa*, *pisana*, *variabilis*; *Limax hortensis*; *Bulimus*, &., &. J'ai toujours remarqué que les œufs étaient formés d'une masse vitelline, dans laquelle l'albumen ne remplissait qu'un rôle secondaire. L'embryon paraît au bout de quatre à dix jours comme un point plus obscur et se meut, soit au moyen de cils vibratiles ou à l'aide d'une vésicule que M. Van–Beneden nomme caudale, la comparant à la queue des poissons. La forme, chez les Limaces, n'est visible qu'après vingt–cinq ou trente jours, et la petite coquille rudimentaire qui se trouve sous leur manteau n'est formée que deux ou trois jours avant le brisement de l'œuf. Chez les Hélices et les Bulimes, au contraire, le sac vitellin est absorbé en très peu de jours et la coquille est formée presque aussitôt; l'embryon se meut dans l'albumen au moyen de cils vibratiles, ressemblant souvent à des branchies pectiniformes.

Lorsqu'un Mollusque a brisé son œuf, la forme de sa coquille diffère beaucoup de celle qu'elle doit avoir lorsqu'elle aura atteint tout son développement. Chez plusieurs Hélices elle est fortement carénée et aplatie du côté du sommet, tandis que du côté de l'ombilic elle est toujours renflée. Chez les *Maillots, Bulimes, Clausilies*, l'aspect de la coquille ressemble à une petite Hélice. Chez tous les genres univalves le péristome est alors imparfait, mince, et la columelle très droite est tronquée à sa base, comme l'est celle du genre *Agatine*[*].

Les Cyclostomes, parmi les Terrestres, ont seuls les sexes séparés; il y a des mâles et des femelles : on les nomme *dioïques*.

Les Gastéropodes pulmonés aquatiques, tels que *Planorbes, Physes, Limnées*, &., s'accouplent presque dans toutes les saisons de l'année, excepté pendant les froids rigoureux; cependant la meilleure époque pour eux est le printemps.

Au lieu de se rechercher deux par deux, les Limnéens s'accouplent en troupes, formant de longs chapelets à la surface des eaux. L'individu qui se trouve être accouplé et

---

[*] Il faut donc se méfier des coquilles trop carénées et de celles dont la columelle est droite, car souvent des marchands d'histoire naturelle ont exploité la bonne foi des amateurs en faisant passer pour espèce nouvelle un jeune individu qui ne différait que par l'âge d'une espèce qu'ils possédaient déjà.

auquel un autre vient se joindre, reçoit les deux accouplements au lieu d'un seul, et ainsi de suite pour les sui-
vants, tandis que le premier et le dernier font leur accouplement avec un seul individu. L'organe mâle est fort
gros et ordinairement d'un blanc azuré : la copulation dure
d'une heure à deux.

Les individus qui ont satisfait à la loi de la reproduction
pondent du quinzième au vingtième jour une trentaine
d'œufs enveloppés dans une matière albumineuse qui se
colle après les plantes, les bois, les pierres, et même sur
la coquille des autres Mollusques.

Ils éclosent, selon l'état de l'atmosphère, au bout de
vingt à trente jours et quelquefois plus. Les œufs sont généralement de forme ovale, de substance gélatineuse très
transparente où le sac vitellin se détache et s'aperçoit parfaitement; soumis au grossissement, l'embryon apparaît
comme un point noir ; n'ayant pas encore de coquille, il se
meut dans l'albumen à l'aide de cils vibratiles. Chez quelques Limnées le petit Mollusque sort de l'œuf au bout de
quinze à vingt jours, avec une coquille parfaitement caractérisée, mais sans toutefois posséder la forme arrêtée de
l'état adulte.

Les Limnéens sont *monoïques*.

L'accouplement des Paludines, des Valvées, des Néritines et des autres Pectinibranches se fait toujours à l'aide
de deux individus ayant chacun son sexe séparé; ils sont
dioïques.

Ces Mollusques, habitant exclusivement dans l'eau, sont
pourvus de branchies comme les poissons, mais placées

différemment ; cet appareil a la même destination : le dégagement de l'air ambiant.

Lorsque l'accouplement a eu lieu, les femelles déposent leurs œufs sur les pierres, les vieux bois, les plantes aquatiques, et sur le têt des autres Mollusques[*] ; souvent ces œufs sont séparés ; d'autres fois ils sont agglomérés.

Chez les Paludines les individus sortent animaux parfaits de l'oviducte de la mère : de là le nom de *vivipare* que l'on donne à la plus grande espèce du genre.

[*] L'œuf de la Néritine fluviatile doit posséder sans doute une action corrosive, car déposé sur le têt des *Unio* ou des autres Mollusques, il détermine une sorte de décortication de l'épiderme à l'endroit où il a été déposé.

UTILITÉ DES MOLLUSQUES.

L'utilité des Mollusques qui nous occupent est fort contestable sans doute; cependant vers les époques antérieures à la nôtre, une foule de ces animaux alimentaient certaines industries aujourd'hui dédaignées[*].

Les Hélices de forte taille étaient l'objet de grands soins de la part des Romains qui les destinaient à leur table où ils les présentaient comme un mets recherché. De nos jours encore, sans grands préparatifs, beaucoup de gens dans notre pays en font un régal et une consommation prodigieuse.

La durée de la vie chez les Acéphales n'est pas rigoureusement déterminée; cependant il est probable que la plupart des Mulettes et Anodontes vivent plus de quatre à cinq ans.

Les univalves d'eau douce ne servent point d'aliment; il n'en est pas de même des bivalves qui, préparées convenablement, comme la Moule marine, peuvent être mangées sans crainte. Nous connaissons une personne qui donna pour des Moules, à des ouvriers, des Mulettes du

[*] Il n'en est pas de même des marines, dont l'utilité est incontestable; quelques espèces comestibles sont fort recherchées pour la table, tandis que la plupart servent d'ornement pour une foule d'objets d'art.

Rieu-Mort que ceux-ci ne trouvèrent point différentes au goût. On les fit cuire sans la coquille.

Sur les bords du Drôt l'*Anodonta analina* est l'objet d'une pêche, et les habitants les font cuire avec des herbes aromatiques.

La chair des Mollusques, surtout celle des bivalves, sert d'appât dans certaines pêches; quelques poissons en sont très friands.[*]

A une époque peu reculée de la nôtre, du temps du célèbre Linné, en Suède on parquait la grande Mulette sinuée et on l'exploitait dans l'industrie pour sa nacre et ses perles fines. On avait le soin de choquer ou trouer les valves; et la transudation aidant, il s'y formait des gouttelettes rondes qui, s'échappant du têt, venaient se fixer entre les branchies et le manteau d'où alors il était très facile de les ôter. Cette pêche n'a été abandonnée que lorsque les perles de Ceylan sont devenues abondantes et réduites dans leurs prix.

Toutes les coquilles, sans distinction, étant formées de sucs calcaires, peuvent après cuisson servir de chaux pour les engrais des prairies et même pour bâtir.

Enfin les Mollusques étudiés sous les rapports physiologiques et anatomiques conduisent l'observateur sur la route des passages insensibles qui lient tous les êtres de la création.

---

[*] En pharmacie, les Hélices communes servent à faire cette pommade, connue de tout le monde sous le nom de *Pommade de Limaçons*, et dont l'effet émollient est certain; quelques docteurs ordonnent également aux personnes affectées de maladies de poitrine, d'avaler des limaçons crus.

MALADIES DES MOLLUSQUES

ET DE LEURS COQUILLES.

Les Mollusques sont attaqués par les maladies aussi bien dans le jeune âge que dans l'état adulte.

Dans le jeune âge, la prompte sécheresse ; l'imprudence des individus à se poster dans un endroit trop à découvert, occasionne fréquemment leur mort. La voracité de quelques Lombrics, des Carabes et des Oiseaux, en fait disparaître souvent un grand nombre. Mais la maladie la plus fréquente, chez les Céphalés aquatiques, c'est l'invasion du *Naïs vermicularis*, espèce d'*Annélide* parasite qui se fixe au collier, au manteau et jusque sur le mufle des individus. Il est rare que ces Naïs, en se perpétuant, ne finissent par faire périr l'animal qu'ils ont envahi, surtout au moment de la ponte.

Une gelée trop vive, une chaleur subite et continue font également beaucoup de mal à tous les Mollusques dont le mucus, trop facilement absorbé par les agents extérieurs, se dessèche et les racornit.

Quelques insectes les attaquent et s'insinuent dans leur coquille pour y pondre leurs œufs. Une fois que l'éclosion des petits a lieu, ils ne tardent pas à dévorer les parties essentielles de l'animal : de là la présence de ces vers, de ces larves et même de ces insectes parfaits qui paraissent les véritables propriétaires des coquilles.

Le têt est aussi sujet à des dépérissements soit par l'action des chocs, de la lumière, des eaux, ou par le parasitisme des insectes et Annélides. Ceux qui en sont le plus attaqués sont les Mollusques aquatiques tant Céphalés qu'Acéphales : les Limnées, Planorbes, Anodontes, Paludines, Valvées, Mulettes, &.*

Lorsqu'une coquille reste, privée de l'animal qu'elle contenait, exposée à l'action de l'air ou de la lumière, elle ne tarde pas à se décomposer. Les couleurs perdent tout leur éclat, leur émail; le derme s'exfolie et le têt conserve pendant peu de temps une apparence crayeuse assez uniforme, mais qui finit bientôt par devenir grisâtre; il se désagrège alors facilement; les parties calcaires superposées se décomposent par lames minces, et les pluies arrivant là-dessus, emportent vers les cours d'eau toutes les molécules et achèvent ainsi leur destruction.

Les coquilles enfouies sous terre, soit par des éboulements de terrains ou par l'agglomération d'autres individus, conservent assez longtemps leur émail et leur coloration, surtout si le sol est arénacé.

Nous trouvons dans nos terrains d'alluvion des coquilles de l'*Helix pomatia* avec l'apparence fraîche des individus pris vivants et malgré qu'ils soient subfossiles et enfouis depuis des temps fort reculés.

* Voir les articles : *Lim. Nouleti; Unio sinuatus.*

TROISIÈME PARTIE.

DEUXIÈME GRANDE DIVISION DU RÈGNE ANIMAL.

TROISIÈME CLASSE.

GASTÉROPODES. (CUVIER.)

GASTÉROPODES ET TRACHÉLIPODES.
(LAMARCK.)

Première Famille :

LES LIMACINÉS, *(de Blainville.)*

Syn.—Limaciens, *Lamarck*; les Limaces, de *Férussac*; Pulmonés, *Cuv.*;
Pulmonés inoperculés, de *Férussac*.

CARACTÈRES.

Animal allongé, demi-cylindrique, droit, sans tortillon;
manteau presque toujours muni d'une cuirasse charnue,
partielle ou générale, débordant quelquefois; tentacules
au nombre de quatre ou de deux seulement, mais alors
accompagnés d'une paire d'appendices labiaux; les yeux
placés à l'extrémité des supérieurs; cavité pulmonaire di-
versement située, mais toujours sous la cuirasse ou sous un
têt protecteur; orifice de l'anus variable dans sa position;
organes de la génération réunis dans une même cavité ou-

verte derrière le tentacule droit, ou sous l'orifice pulmonaire, quelquefois séparés ou distants.

Coquille : plus ou moins rudimentaire, ou nulle; interne ou externe; quelquefois remplacée par de petites concrétions calcaires.

Terrestres, nocturnes ou crépusculaires, craignant beaucoup la chaleur, habitant les lieux les plus humides. Carnassiers ou herbivores, se nourrissant indifféremment de matières fraîches ou décomposées.

Hivernent dans la terre, sous les pierres ou dans les vieux troncs d'arbres.

Les Limacinés pondent de mai à octobre, mettent de trente à quarante jours à éclore; leur accroissement est très-rapide; ils sont presque toujours adultes au bout de deux mois. Les œufs diffèrent selon les genres et les espèces, mais conservent presque toujours la forme ovalaire.

CORPS NU.

GENRE PREMIER.

Limace, Limax *(Lamarck.)* **et Arion** *(Férussac.)*

Gascon : Limacos, Limats fols, Lochos.

Premier Sous-Genre.

ARION *(Férussac.)*

Orifice pulmonaire placé en avant du manteau; cuirasse chagrinée contenant de petites concrétions calcaires; un porc muqueux terminal; mâchoire pareille à celle des Hélices proprement dites.[*]

[*] D'après M. Moquin-Tandon : Mémoire sur les mâchoires des Hélices de France, division en Hélices proprement dites et en Zonites.

ESPÈCES :

1° **A. des Charlatans. — A. Empyricorum.** *(Fér.)*[*]

Syn : Limace rouge; — Limax rufus; — *Linné; Drap.*
Gascon : Limat-Fol.

Animal : le plus épais du genre, rugueux et fortement
sillonné sur le dos; manteau presque uni, légèrement
chagriné; cavité respiratoire sur le côté droit. Une crypte
muqueuse placée à la partie terminale du pied. Point
de coquille, quelques grains calcaires sous la cuirasse.

La couleur du dessus est d'un rouge plus ou moins foncé,
tirant sur l'orange ou sur le brun; tentacules noirâtres;
les supérieurs fortement oculés au sommet, les inférieurs
courts et obtus; dessous du pied gris–verdâtre; mucus
jaune très abondant.

Longueur du mufle, au pore muqueux, 120-145 milli^m.
Hauteur à la cuirasse, 30-40 milli^m.

Habite les endroits ombragés, humides, sous les feuilles, les pierres, dans le creux des arbres et des murs,
très commun partout. Ses œufs, au nombre de 80 à 100,
sont opalins les premiers jours et deviennent opaques vers
la fin de l'incubation.

---

[*] Cet Arion, calciné par les empiriques, servait autrefois en médecine et en sorcellerie. Quelques médecins le prescrivaient pour les affec-
tions de poitrine et en faisaient un bouillon. Aux environs d'Agen on
l'emploie contre les loupes charnues : on l'applique vivant sur la partie
malade, et le mucus, en se séchant fait, dit-on, disparaître la grosseur.

2° **A. Brunâtre. — A. Subfuscus.** *(Fér.)*

Syn. — Limax Subfuscus. *(Drap.)*

Animal : très allongé, moins épais et moins grand que le précédent, de couleur très variable, brunâtre, verdâtre et même roussâtre ; fortement sillonné sur le dos qui se termine par un pore muqueux ; cuirasse chagrinée, s'allongeant sur le cou ; orifice placé aux deux tiers en avant ; tentacules presque noirs, brillants ; les supérieurs étranglés au milieu, fortement oculés au sommet ; les inférieurs courts et gros. Tête, cou et plan locomoteur rayés de noir ou de vert. Dessous du pied grisâtre, bordé de jaune ; partie médiane gris enfumé. Ses œufs sont opalins, très ronds, agglomérés par un mucus incolore.

Longueur 100-140 milli^m. — Hauteur, 25 milli^m.

Habite les jettins, les bords de la Garonne, contre les saules, au pied, sous l'herbe ; commun.

3° **A. Noirâtre. — A. Ater.** *(Fér.)*

Syn. — Limax ater. *(Drap.)*

Cet Arion ressemble beaucoup aux précédents, quoique un peu moins grand que le premier ; il est presque aussi épais. Son corps est ridé de la même manière. Les tentacules supérieurs sont très fortement oculés et les inférieurs très courts et gros. Le dessus du corps et de la cuirasse sont d'un brun presque noir ; le dessous du pied est vert-noir. Les concrétions calcaires sont fort peu nombreuses.

Longueur, 105-140 milli^m. — Hauteur, 27-38 milli^m.

Habite avec les précédents ; assez commun.

Ces trois Arions peuvent, à la rigueur, se rapporter au type.

—

Deuxième Sous-Genre.
LIMACE. — LIMAX. (*Lamarck.*)

Animal : oblong, plus ou moins allongé, demi-cylindrique, muni d'une cuirasse à la partie antérieure; tête assez distincte, rétractile sous la cuirasse; portant deux paires de tentacules également rétractiles. Cavité pulmonaire située sous la cuirasse et s'ouvrant sous son bord droit. Point de pore muqueux terminal.

Coquille : Un têt rudimentaire interne, placé dans l'épaisseur de la cuirasse. — Limacelle *de Brard.*

ESPÈCES :

1° L. Jayet. — L. Gagates. *(Drap.)*

Animal allongé, caréné postérieurement; cuirasse double formant un angle obtus vers l'orifice respiratoire qui est très en arrière; tentacules supérieurs longs et renflés à la base; les inférieurs courts; couleur d'un noir luisant sur le dos et la cuirasse; finement chagriné, ridé en long et en travers sur tout le corps; insertion du plan locomoteur d'un noir-verdâtre; dessous du pied de même couleur. Partie postérieure très acuminée; mucus blanchâtre ou légèrement doré, épais, pouvant retenir l'animal par la partie postérieure lorsqu'il veut franchir dans le vide d'un endroit à l'autre.

Longueur, 15 à 20 millimètres.

Limacelle oblongue, concave sous la cuirasse.

Limacelle concave. *(Brard.)*

Habite les sentiers, les jardins, les fossés de la plaine ; n'est pas très commune.

2° **L. Cendrée. — L. Cinereus.** *(Mull.)*

Syn. — Lim. antiquorum, *Fér.* ; — Lim. maximus, *Linn.*

Animal : très allongé, caréné postérieurement ; cendré, gris-violet, tacheté irrégulièrement sur la cuirasse, taches disposées en bandes interrompues sur le reste du corps. Cuirasse ovale, oblongue ; tentacules supérieurs déliés, noirâtres et fauves ; une ligne noire partant du sommet et venant se perdre sous la cuirasse en suivant les côtés du cou. Tête, cou et mufle de couleur cendrée, un peu fauve ou violette ; dessous du pied blanc sale.

Longueur : 100 jusqu'à 170 milli^m.

Limacelle Bouclier. *(Brard.)*

Allongée, à lames tuilées, apophyse apparente.

Habite : les lieux très humides, sous les feuilles, dans les champs, auprès des habitations ; sur les arbres, après la pluie, assez commune.

Cette Limace ressemble, dans son plus grand développement, à un jeune serpent.

3° **L. Agreste. — L. Agrestis.** *(Drap.)*

Animal : de couleur variable passant du cendré au jaunâtre ; corps et cuirasse tachetés irrégulièrement de noirâtre sur un fond roux ; tentacules presque cylindriques mais plus forts à leur insertion ; tête, cou et tentacules d'un cendré-violet ; dos arrondi antérieurement, caréné postérieurement ; trou pulmonaire petit et entouré d'un bord blanc ; mucus blanc très-abondant.

Longueur : 32-40 milli^m.

Var : Violacea : Lim. Sylvaticus. (Drap.)

Limacelle oblique, rhomboïdale. (Brard.)

Habite : les bois, les sentiers humides ; les jardins ; très-commune et surtout très-vorace.

4° **L. Tachetée. — L. Variegatus.** *(Drap.)*

Animal : d'apparence gélatineuse ou peu rugueux ; jaune, verdâtre marqué de fauve et de noirâtre irrégulièrement ; de la cuirasse à la partie postérieure se voit une bande jaune ; le dessous du pied est blanc sale ; l'orifice pulmonaire est placé très en arrière du côté droit de la cuirasse ; carène postérieure à peine distincte ; mucus jaunâtre très-épais et très-abondant.

Longueur : 100-120 milli^m.

Limacelle Unguicule. (Brard.)

Cette limacelle est toujours mince, rugueuse dans sa partie supérieure et avec son apophyse peu apparente.

Ses œufs, forts petits, sont gélatineux et opalins après la ponte et deviennent de suite d'apparence calcaire. Leur éclosion a lieu vers le 20ᵉ jour, les petits sont adultes après trois mois.

Habite : les caves, les éviers, les fontaines, dans les interstices des pierres, dans les troncs des vieux arbres ; commune dans le puits-fontaine de M. Massias, dans la rue Porte-Neuve.

5° L. des Jardins. — L. Hortensis. *(Blainv.)*

Animal : noir, dos presque cylindrique, fascié longitudinalement de gris ; bord marginal orangé vif ; tentacules gris.

Longueur : 32–35 milliᵐ.

Limacelle concave-ovale. (Brard.)

Habite : les jardins, les vergers ; dévore les plantes et les fruits et cause de grands ravages ; n'est pas très-commune.

—

GENRE DEUXIÈME.

Testacelle. — Testacella. *(Drap.)*

Syn. — Testacellus, *Cuvier*, *Faure-Biguet*. — Plectrophore, *Fér.*

Animal : allongé, cylindriforme, acuminé à chaque extrémité ; cuirasse nulle ; tête assez distincte, munie de quatre tentacules rétractiles dont les postérieurs, qui sont les plus longs, portent les yeux ; pied long et peu distinct ; cavité pulmonaire située au quart postérieur de la longueur, son orifice tout-à-fait en arrière, sous le côté droit du sommet de la coquille ; celui de l'anus en est très voisin ; les organes de la respiration réunis et montrant leur orifice près et en arrière du grand tentacule droit.

Coquille : extérieure, solide, auriforme, déprimée, à spire plus ou moins saillante, ayant une ouverture très grande et ovale ; le bord droit simple et tranchant, le gauche renflé et réfléchi ; elle recouvre la partie postérieure de la cavité pulmonaire.

ESPÈCE UNIQUE.

Testacelle Ormier. — Testacella Haliotidea. (*Drap.*)

Syn. — Testacellus Haliotideus, *Faur.-Big. Fér.*—Testacella
Europea, *Boiss.*

Animal : assez semblable à celui des Limaces ; tête différant de la leur, en ce sens qu'au lieu d'être en mufle elle est acuminée en avant ; les tentacules sont bruns ou noirâtres, courts ; les inférieurs très petits et plus pâles. Le cou est d'un brun assez prononcé, se fondant peu à peu vers le dos, qui est d'une couleur uniformément rousse, plus pâle vers le bord marginal. Le dessus forme une petite carène à un centimètre de la base dorsale, à l'endroit où se trouve la coquille ; celle-ci est insérée fortement et laisse même recouvrir ses bords par les replis du corps de l'animal. Le pied est assez haut et large ; dans sa hauteur il est traversé de haut en bas ; et d'arrière en avant, par de plis obliques qui partent du manteau ; ces plis qui ne s'effacent pas pendant le repos, paraissent être produits par les mouvements de la marche et sont surtout très sensibles à la vue lorsque l'animal se retourne, tandis que la partie opposée qui est alors convexe ne les a pas très apparents; cependant ces plis existent toujours. Les bords du pied sont légèrement frangés et plus pâles; le dessous est d'un blanc laiteux.

A la partie haute de la coquille, et à la fin de son insertion, il doit exister une glande salivaire, car le mucus s'en échappe abondamment. L'orifice excrémentiel est placé sous la partie basse de la coquille, et lorsque l'animal est chagriné, il le recouvre presque entièrement.

La peau est très épaisse, coriace, et ressemble un peu aux cartilages des gros poissons.

Coquille : ressemblant à celle des Haliotides marines, si communes dans les collections; comme elle, auriforme, fortement déprimée, rugueuse; composée de lamelles d'accroissement, superposées et tuilées. Ouverture ample, en cuiller; columelle épaisse, aplatie et calleuse; bord latéral tranchant; spire très courte, de un tour et demi. Couleur extérieure de corne brune; intérieure d'un blanc jaunâtre peu brillant.

Animal : Hauteur de 1 centi^m. Longueur 6–8.

Coquille : Haut. de l'ouverture, 9 milli^m. Larg., 5 milli^m.

OEuf : Hauteur, 6–9 milli^m. Grosseur, 4 milli^m.

Habite: toutes les altitudes, les hauteurs arides comme les plaines humides, dans la terre, sous les amas de feuilles mortes, sous les pierres; en un mot, partout où vivent les Lombrics terrestres qu'elle poursuit et dont elle fait sa nourriture. J'ai eu pris des individus tombés dans des sillons remplis d'eau pluviale et qui, un moment après, rendaient des Lombrics à moitié décomposés.[*] On la trouve également sur les coteaux et dans les plaines, avant le lever du soleil; cette espèce étant exclusivement nocturne, ne se montre que la nuit, et encore pendant les premiers mois du printemps, en mars, avril et mai. Très commune, mais assez difficile à trouver[**].

La Testacelle s'accouple habituellement en mars et avril et pond quelques jours après une trentaine d'œufs renflés au centre et un peu plus acuminés au sommet; ces œufs sont d'un blanc jaunâtre opaque et de formation calcaire. Les petits éclosent environ dix à douze jours après la ponte et sont adultes vers la fin de l'automne. Les œufs de la Testacelle sont les plus gros de tous ceux de nos Mollusques terrestres. Ce Mollusque sort fort peu, même la nuit, pendant l'été, se tient sous les feuilles pourries et sous les pierres où il poursuit les Lombrics.

[*] M. Bouillet (*Catalogue des Mollusques terrest. et fluv. de l'Auvergne*) dit qu'en coupant des Lombrics par morceaux et les répandant sur les gazons ou les friches où vivent les Testacelles, on est certain, avant le jour, d'en trouver beaucoup en les cherchant au flambeau, attirées par l'appât qu'on leur a présenté.

[**] Le suc gastrique est-il d'une grande puissance ou la digestion est-elle au contraire très lente?—J'ai pris des Testacelles qui rendaient, en les pressant, un Lombric à moitié pourri, tandis que la partie qui se rapprochait le plus de la bouche était encore vivante.

GENRE TROISIÈME.

Vitrine. — Vitrina. *(Drap.)*

Syn. — Hélicolimace. *(Fér.)*

Animal : allongé, demi-cylindrique, ayant un petit tortillon, un collier charnu cernant le cou et fournissant en avant une sorte d'appendice qui s'étend sur lui en forme de cuirasse, et quelques autres appendices linguiformes rétractiles, capables de recouvrir presque toute la coquille ; tentacules au nombre de quatre, cylindriques et rétractiles ; les deux supérieurs oculés au sommet ; pied séparé du corps par un petit sillon ; orifice de la cavité pulmonaire à droite, sur le collier, à la naissance de la cuirasse ; organes de la génération réunis et présentant leur orifice près du tentacule droit, quelquefois un pore muqueux à la partie postérieure.

Coquille : dextre très petite, spirale, mince, transparente et fragile, croissant rapidement dans le sens horizontal ; spire courte, le dernier tour très grand ; ouverture vaste avec une columelle solide, spirale, se confondant presque toujours avec le tour de l'ouverture. Ces Mollusques ne contiennent que difficilement dans leur coquille ; leur épiphragme est alors vitreux et très mince.

ESPÈCES :

1° **V. Transparente. — V. Pellucida.** *(Drap.)*

Syn. : V. Pellucida, *Drap., Goup., Dup.*: A. *Gras, Merm., Joba ;* la Transparente, *Geoffroy.*

Animal : limaciforme, gros relativement à la coquille ;

tentacules courts et épais; les supérieurs fortement oculés; couleur : gris noirâtre, un peu jaune sur le dessus; cou épais, sillonné.

Cette Vitrine pond en juillet, août, septembre et octobre; ses œufs sont fort petits, transparents et non groupés; meurt après la ponte.

Coquille : Transparente, pellucide et très fragile; ouverture dilatée, plus haute que large, bords tranchants, simples et disjoints; spire de trois tours dont les deux premiers très petits, le dernier faisant à lui seul le volume de la coquille; suture peu marquée.

Couleur verdâtre, brillante quand la coquille est vidée; jaunâtre luisant quand l'animal l'habite.

Hauteur : 3-5 milli^m.—Diamètre, 4-7 milli^m.

Habite : dans les bois montueux, pierreux et humides, le long des chemins escarpés, à Beauville, St-Maurin, Tournon, dans le chemin de Bourlens; à Thézac; dans les Landes, sous les vieilles haies reposant sur un sol calcaire; très commune à St-Julien de Fargues, chez M. de Trenquelléon.

2° **V. Allongée. — V. Elongata.** *(Drap.)*

Syn. — V. Elongata. *(Drap.)*

Animal : à peu près semblable au précédent, un peu plus effilé et grisâtre.

Cette Vitrine pond en octobre, novembre et décembre, ne craint pas les froids, pendant lesquels elle se réfugie dans les troncs des vieux chênes, sous les amas de feuilles mouillées.

Coquille : différant de la *Transparente* par sa plus grande dépression, par la brièveté de la spire qui n'offre presque pas de renflement, dans l'ouverture qui est beaucoup plus large que haute, très dilatée à droite, et plus oblique. Sa couleur est d'un blanc vitreux brillant.

Hauteur : 2–3 milli^m. Diamètre, 3–5 milli^m.

Habite : les bois humides et montueux, au levant ou au nord, rare partout; à Dorville, chez Mme Ducos; à Vérone, à Lécussan, Beauregard, &.

—

GENRE QUATRIÈME.

Ambrette. — Succinea. *(Drap.)*

Syn. — Succinea, *Draparnaud*; —Amphibulina, *Lamarck*; — Hel. Cochlohydra, *Férussac.*

Animal : Gastéropode pulmobranche, ovale, allongé, paucispiré, portant sur la tête deux paires de tentacules; les supérieurs oculés au sommet, les inférieurs très courts. Pied large à bords minces; organes de la génération réunis; leur orifice en arrière du tentacule inférieur droit.

Coquille : dextre, ovale, oblongue, très-mince, transparente, ouverture ample, entière, sans dents ni plis, bord latéral non réfléchi, tranchant et fragile; columelle lisse, évasée; un épiphragme papyracé.

L'animal contient difficilement dans sa coquille, ne s'y renferme entièrement que pour hiverner. Il habite les endroits humides, le long des fleuves, des ruisseaux, des fontaines d'eau vive, sur les plantes qui les bordent et desquelles il se nourrit. Ce Mollusque traverse les petits ruisseaux en rampant à la manière des Limnées, le ventre à la surface de l'eau, le dos renversé, mais il ne peut y vivre comme elles, étant essentiellement terrestre,

Se cache en hiver dans les creux des saules, sous les feuilles mortes ou sous les pierres, et ferme son ouverture avec un épiphragme mince miroitant.

ESPÈCES :

1° **A. Amphibie**. — **S. Putris**. *(Blainv.)*

Syn. — Helix putris, *Linn.;* — Helix succinea, *Mull,;* — Cochlohydra putris, *Fér.;* — Succ. amphibia, *Drap., de Roiss., des Moul , Grat.. A. Gras , Noul.. Bouch., Maud., Buvignier, Mermet, etc.*—L'Ambrée, *Geoffroy.*

Animal : limaciforme, gros épais, gris noirâtre, marqué de linéoles d'un gris enfumé ; tentacules gros et obtus, noirâtres, les inférieurs très courts; pied large acuminé à la partie postérieure; gris pâle.

Pond en mai, juin et juillet, sur les plantes, les bois flottés ou en terre. Ses œufs au nombre de cinquante et quelquefois plus, sont hyalins, agglomérés par un mucus jaunâtre. Leur éclosion arrive vers le dix ou le douzième jour; les petits sont adultes à la fin de la première année, ou au commencement de la seconde.

Coquille : ovale, oblongue, striée très-finement, fragile; ouverture ample, ovale, entière, faisant à elle seule les deux tiers de la coquille; bords simples et tranchants, le latéral surtout, la columelle un peu calleuse; spire de trois tours presque droits, peu tordus et obtus; point d'ombilic; couleur jaune-verdâtre, pellucide, transparente.

Hauteur : 15-25 milli^m. — Diamètre : 12-13.

Habite : les ruisseaux des Landes, sur les feuilles des Nénuphars et des autres plantes aquatiques, commune aux environ de Sos, d'où M. Capgrand me l'a er voyée.

2° **A. de Pfeifer**. — **S. Pfeiferi**. *(Rossm.)*

Syn.—S. Pfeifer, *Rossmassler*; — Icon. f. 46.—S. amphibia, var. *Drap.*

Animal : glutineux, épais, noirâtre, plus foncé que le précédent, chagriné; tentacules gros, surtout les inférieurs; les supérieurs étranglés au centre, forts à la base, oculés au sommet; pied large grisâtre.

Pond à la même époque que le précédent et dans les mêmes conditions.

Coquille : ovale, oblongue, opaque relativement à la S. Putris, plus fortement striée qu'elle; quatre tours de spire dont le dernier fait presque à lui seul le volume de la coquille; cette spire est tordue obliquement; suture assez forte; ouverture ample, ovale; columelle simple, un peu calleuse et s'arrondissant gracieusement, bord latéral tranchant, mais quelquefois avec une arête marginale plus pâle; couleur très-belle d'ambre.

Var. *A*. — Major.

Hauteur : 23 milli^m. — Diam. 14 milli^m.

Var. *B*. — Minor.

Habite : la var. *A*, le long de la Garonne parmi les sau-

les , où elle atteint une forte taille; la var. *B*, dans les ruisseaux, sur les herbes et les plantes aquatiques, très-commu-
nes toutes deux, faciles à trouver lorsqu'il vient de pleuvoir.

3° **A. Oblongue. — S. Oblonga.** *(Drap.)*

Syn. — S. Oblonga, *Drap.*, *Grat.*, *de Roiss.*, *Lam.*, *Goup*,, *A. Gras*; —
Cochlohydra elongata, *Fér*.

Animal : grisâtre , tentacules plus déliés que dans les
précédents.

Coquille : oblongue, ovale, légèrement turbinée, un peu
ventrue, finement striée, dans le sens des accroissements;
ouverture ovale, oblique; columelle simple, un peu calleuse
à sa partie supérieure, bord latéral simple et tranchant,
spire de 3-4 tours allongés, séparés par une suture assez
profonde; couleur grisâtre, d'ambre pâle ou roussâtre, têt
mince opaque.

VAR. *A.* — ELONGATA.

VAR. *B.* — CURTA. — S. Arenaria? *Bouch.*

Hauteur : 6-11 milli^m.— Diam. 5 milli^m.

Habite : les ruisseaux marécageux, à Sérignac, où elle
est rare; les alluvions de la Garonne, rare.

(J'ai trouvé quelquefois dans les alluvions de la Garonne des individus
appartenant, peut-être, à la S. ARENARIA, de *M. Bouchard-Chante-
reaux*, mais n'ayant pas vu l'animal et craignant qu'ils ne fussent que
de jeunes S. ELONGATA, je ne les ai indiqués que comme variétés.)

GENRE CINQUIÈME.

Hélice. — Helix *(Mull.)* et Carocolla *(Lamk.)*

Animal : de forme peu variable, demi-cylindrique, muni d'un tortillon très-grand ; collier charnu, fermant exactement la coquille, et portant quelques appendices courts ; tête assez distincte ; bouche fendue en long, pourvue de chaque côté d'un lobe charnu, et en dehors d'une masse linguale et d'une pièce supérieure, dentée et propre à la mastication ; quatre tentacules rétractiles, renflés en bouton à leur sommet, les supérieurs étant les plus longs et oculés ; pied grand et oblong, allongé ; orifice de la cavité pulmonaire à droite, sur le collier ; anus tout à côté et un peu plus à droite ; organes de la génération réunis et ayant leur orifice près du tentacule droit postérieur.

Coquille* : très-variable dans sa forme et dans ses couleurs, orbiculaire, globuleuse, conique ou carénée, quelquefois planorbique et discoïde, à sommet arrondi en mamelon ; ouverture entière, arrondie, comprimée ou semi-lunaire ; péristome discontinu, échancré par l'avant-dernier tour, rarement continu, quelquefois denté.

Les Hélices habitent indifféremment tous les endroits cultivés et arides, il en est même qui supportent les plus fortes chaleurs ; elles préfèrent généralement les endroits ombragés et humides.

---

* Dextre, rarement sénestre, n'affectant cette forme que par un phénomène de monstruosité. Il n'en est pas de même des espèces exotiques dont plusieurs sont constamment sénestres. — Exem. H. Senegalensis, *Chemnitz,* etc.

ESPÈCES :

I. A. COQUILLE CONIQUE. *

A. *Ombiliquée.*

1° **H**. **Elégante**. — **H**. **Elegans**. *(Gmel.)*

Syn. — H. Elegans, *Gmel., Drap., Coll.-des-Cher., des Moul., Grat., Mich., Payr., Desh., Noul., Merm.;* Carocolla Elegans, *Lam.*

Animal : pâle, transparent, de couleur jaunâtre avec quelques lignes bleuâtres sur le dos.

Pond en juillet 50 à 60 petits œufs dans des trous, sous l'herbe; les petits éclosent 20 jours après et sont adultes au milieu de la deuxième année.

Coquille : conique, carénée, plane à sa base; ouverture déprimée formant un angle aigu avec la carène; bourrelet intérieur peu apparent, ombilic peu ouvert mais profond; fasciée de taches brunâtres ou vineuses sur un fond gris; quelquefois maculée de petits points violets irrégulièrement disposés; stries très-fortes crénelées sur la suture qui se trouve recouverte par le tour qui la suit; sommet constamment brun et luisant; spire composée de six à sept tours carénés.

Var. *A.* — Fasciata.

Var. *B.* — Picturata.

Var. *C.* — Unicolor.

Hauteur : 6-9 milli^m. — Diam. 7-11 milli^m.

* J'ai pris pour règle les subdivisions de *Michaud,* complément à *Draparnaud.*

Habite : sur les rochers arides exposés au Sud , dans les sainfoins secs , les friches , les vignes , etc. Très-commune aux environs d'Agen , au Fangot, près le Bédat , sur les plateaux de Montbran, du Grezel , au Pont–du–Casse , etc.

B. Perforée.

2° **H. Rugosiuscule. — H. Rugosiuscula.** *(Mich.)*

Syn. — H. Rugosiuscula, *Mich., Compt., Drap.;* pag. 14, pl. xv, fig. 12.

Animal : grisâtre, tentacules assez déliés et renflés au sommet, noirs ou seulement noirâtres.

Pond en juin et juillet de petits œufs ronds sous les herbes; les petits sont adultes à la fin de la 2ᵉ année.

Coquille : conique, ressemblant un peu aux Trochus; perforée, fortement striée longitudinalement; ouverture presque ronde, un peu déprimée au bord columellaire, bourrelet blanc formant un pli presqu'invisible à la partie intérieure du bord inférieur; cinq tours de spire convexes et comme cordelés; sommet brun, luisant et mamelonné, suture profonde.

Var. *A.* — Fasciée, entourée d'une à deux bandes brunes.

Var. *B.* — Grise, carène parcourue par une fascie interrompue.

Var. *C.* — Vineuse unicolore.

Hauteur : 3–4 milliᵐ. — Diam. 7–8 milliᵐ.

Habite : toutes les prairies du département où elle est extrêmement commune; monte sur les tiges de l'herbe d'où il est facile de les enlever en passant le filet. La variété vineuse, plus rare, se trouve sur les hauteurs de Thibet, sur les roches arides.

C. *Imperforée.*

3° **H. Fauve.** — **H. Fulva**. *(Muller.)*

Syn. — H. Fulva, *Muller*, *Drap.*, *Coll.-des-Cher.*, *Grat.*, *des Moul.*, *Mich.*, *Goup.*, *Dup.*, *A. Gras.*

Animal : noir, ou noir bleuâtre, grêle, pied assez allongé et aigu postérieurement, tentacules noirs, les supérieurs déliés et oculés au sommet, les inférieurs très-courts.

Pond en avril et mai vingt à trente œufs, sous les feuilles, dans les vieux troncs d'arbres, sous l'herbe : ces œufs sont gélatineux et éclosent dans la 1re quinzaine.

Coquille : conico-globuleuse, cornée, luisante, stries très-fines et peu visibles à l'œil nu, sommet obtus ; ouverture plus large que haute, très-déprimée ; péristome simple et tranchant, cinq tours de spire s'enroulant et s'élargissant progressivement jusqu'à l'ouverture ; couleur fauve brillante.

Hauteur : 2 1|2 milli^m. — Diam. 2 milli^m.

Habite : sous les mousses, les herbes très-humides, au pied des vieux arbres, le long des rivières, ne s'élève pas sur les plantes ; assez répandue dans les plantations de saules de la Garonne ; dans la garenne de Saint-Amans.

II. B. COQUILLE GLOBULEUSE.

A. *Ombiliquée.*

4° H. des Rochers. — H. Rupestris. *(Drap.)*

Syn.—H. Rupestris, *Drap., Mich., Fér., Desh., Turt., Bouill., Goup.,*
A. Gras.

Animal : très-petit, presque noir ; tentacules inférieurs à peine visibles.

Pond en mai une trentaine d'œufs opalins, jaunâtres, très petits et ronds, qu'il dépose sous les esquilles pierreuses des rochers et des vieux murs.

Coquille : globuleuse, conique en dessus, un peu déprimée en dessous ; ouverture ronde, péristome simple, à bords tranchants, sans bourrelet intérieur ; stries fines et serrées ; suture profonde, sommet obtus ; ombilic peu apparent ; quatre à cinq tours de spire convexes. Couleur brun-obscur.

Hauteur : 2 milli^m. Diamètre : 2 milli^m.

Habite : les rochers, sous les fragments calcaires et dans les fissures ; à Saint-Vincent, Bellevue, Charpau, Tournon, Thézac, Péricard, &., &. ; sur les murs des anciennes fortifications, à Agen ; assez commune.

(J'ai trouvé, en août 1843, sous des fragments de pierre sèche, aux murs de ronde de la rue Lacépède, un individu dont le péristome, au lieu de continuer le dernier tour de spire, s'élevait en canal libre au-dessous et formait une sorte de trompe déviée.

B. Perforée.

5° **H. de Pise.** — **H. Pisana.** *(Muller.)*

Syn.—H. Pisana, *Mull., Noul.;*—H. Rhodostoma, *Drap., Mich., Grat., des Moul., Desh., Dup., Merm.*

Animal : grisâtre ; tentacules maculés de noir ; s'accouple en juin et juillet, pond huit jours après et à trois reprises différentes une soixantaine d'œufs ronds, gélatineux, luisants et de couleur blanc-verdâtre ; légèrement recouverts d'un mucus ténu et miroitant ; les petits sortent de terre environ vingt jours après, et n'atteignent leur état parfait que vers la fin de l'année suivante. — Eᴅᴜʟᴇ.

Coquille : globuleuse, perforée, striée, luisante, grisâtre ; fasciée de noir et de brun. Ces fascies forment des bandes qui s'enroulent autour de la coquille ; elles sont souvent interrompues par des taches plus foncées ; mais il existe toujours sur le dernier tour un faisceau de petites lignes presque noires, plus ou moins apparentes, au nombre de six ; les autres bandes sont placées au côté opposé à ces lignes. Ouverture assez arrondie, aussi large que haute ; péristome marginé intérieurement et teint d'une fort belle couleur de carmin ; simple, tranchant ; columelle dilatée et calleuse, recouvrant presque la fente ombilicale. Spire de cinq tours légèrement carénés ; suture peu profonde.

Vᴀʀ. *A.* — Unicolore, complètement albine, sans fascies.

Cette coquille ne varie que pour la couleur ; sa forme

est constante; la variété *A* a ordinairement le péristome d'un rose plus vif que le type[*].

Hauteur : 14–19 milli^m. Diamètre : 20–28 milli^m.

Habite : partout, dans les haies, au bord des chemins, sur les coteaux des environs d'Agen, dans les sainfoins du Canal; très commune.

(Je ne l'ai point trouvée dans les Landes, ni dans le Haut-Agenais.)

6° **H. Variable. — H. Variabilis.** *(Drap.)*

Syn. — H. Variabilis, *Drap.*, des *Moul.*, *Grat.*, *Coll.-des-Cher.*, *Mich.*, *Desh.*, *Mermet*, *etc.;* — H. Subalbida, *Poiret*; Prodr. p. 83, n° 18; — H. Virgata, *Turton*; Man. p. 40, n° 31, pl. 4, fig. 31; — H. Submari-tima, *Rossm.* Icon.

Animal : noir pâle, violacé près du manteau, tentacules supérieurs plus foncés, très longs, point oculaire très noir et brillant.

Pond en septembre et octobre et à plusieurs reprises dans la terre qu'il creuse avec le mufle, soixante à quatre-vingt œufs ronds, blancs, opaques, qui éclosent après vingt jours; ils atteignent leur accroissement complet à la fin de l'année suivante. C'est une des espèces qui pullulent le plus.

Coquille : variant beaucoup pour la forme et la couleur; généralement globuleuse, un peu conique et quelquefois

---

[*] Les fascies ne disparaissent point avec l'âge, comme l'avancent plusieurs auteurs. J'ai eu des individus vieux avec des couleurs très vives et des jeunes qui n'en avaient point. Quant à la variété *unicolore*, jeune ou vieille, sa couleur est constante

discoïde, rarement scalaire; conique dans quelques localités. Ouverture arrondie, péristome obscur, brun, marginé intérieurement de rougeâtre un peu vineux qui s'étend à l'extérieur; bourrelet quelquefois double, épais et blanc, mais toujours interne; ombilic assez ouvert; six tours de spire convexes; suture marquée, sommet brun, lisse et luisant.

VAR. *A*. Type. — Entourée de bandes brunes ou fauves, dont la supérieure est continue, tandis que les autres sont interrompues.

VAR. *B*. — Plus discoïde que le type.

VAR. *C*. — Discoïde et grisâtre.

VAR. *D*. — Conique, blanche, à péristome très épais.

VAR. *E*. — Très conique, fasciée comme le type.

VAR. *F*. — Très conique, fauve ou gris-jaunâtre, avec une bande marginale sur la carène du dernier tour. Cette bande est plus pâle que le fond et toujours interrompue.

VAR. *G*. — Déprimée, à fascies inégales et souvent fondues, couleur gris-verdâtre; péristome vineux.

VAR. *H*. — De forme variable, mais généralement moindre; fascies interrompues, brunes ou noires et très agréablement disposées.

VAR. *I*. — SCALARIS.

VAR. *J*. — MAXIMA.

(J'indique seulement les variétés bien différentes; mais soit pour la forme, la taille et la couleur, cette espèce est excessivement polymorphe. J'ai vainement voulu séparer les variétés les unes des autres; mais les passages étaient si peu sensibles que j'ai dû abandonner ce travail. J'engage beaucoup les amateurs à collectionner ces innombrables variétés, afin d'en suivre toutes les graduations depuis le blanc pur jusqu'aux noires.)

Hauteur : 8-24 milli^m. Diamètre : 10-25 milli^m.

Habite : les champs, les gazons, les prairies, les haies, ne craint point la chaleur; très commune.

La Var. *F*, à Saint-Julien de Fargues, sur un banc de calcaire, lacustre du 3me dépôt. — La Var. *H*, sur les rochers et les gazons du plateau de Montbran. — La Var. *I*, sur les coteaux du Bédat. (Com. M. *Debeaux*, fils.)

7° **H. Strigelle**. — **H. Strigella**. *(Drap.)*

Syn. — H. Strigella, *Drap., Bouill., Mermet, Rossm., Mich., Fér., Desh.,* etc.

Animal : gris, tentacules plus foncés, corps marqué de lignes noires :

Coquille : globuleuse, stries longitudinales très fortes; ouverture arrondie, semi-lunaire; péristome évasé, légèrement réfléchi; columelle et bourrelet blancs intérieurement, cornés en dessus; ombilic assez large et profond; couleur brunâtre; une bande transparente sur la carène de l'avant-dernier tour; suture peu profonde; sommet obtus.

Hauteur : 7-8 milli^m. Diamètre : 12-15 milli^m.

Habite : les bois humides au nord; à Beauregard, Lécussan; très rare; subfossile dans les terrains d'alluvion de la Garonne; rare.

8° **H. Hérissée**. — **H. Aculeata**. *(Muller.)*

Syn.— H. Aculeata, *Muller, Drap., Mill., Dup., Joba;* — H. Spinulosa, *Turton;* Man. p. 43, n° 33, pl. 4, fig. 33.

Animal : blanchâtre, tête et tentacules noirs.

Coquille : globuleuse, conique, fauve ou brunâtre, mince et transparente; ouverture arrondie, péristome blanchâtre, simple et évasé du côté de l'ombilic; spire composée de quatre tours très convexes, garnis de lames longitudinales saillantes, terminées dans leur milieu par une pointe un peu recourbée; sommet obtus; suture profonde, ombilic assez ouvert.

Cette coquille, extrêmement petite, est une des plus gracieuses du genre.

Hauteur : 2–2 et demi milli^m. Diamètre : 2–3 milli^m.

Habite : sous les feuilles, les pierres et dans le tronc des arbres des bois montueux; à Tournon, Beauville, Cambes, Lécussan, Layrac, &.; très rare; les alluvions de la Seoüne, du Gers et de la Garonne; très rare.

B. Imperforée.

9° **H. Chagrinée**. — **H. Aspersa**. *(Muller.)*

Syn. — H. Aspersa, *Muller, Drap., Mich., Bouil., Brard., Grat., des Moul , Mill., Dup., Noul., Merm., Puton, Joba, etc.* — Le Jardinier, *Geoffroy.*

Nom patois : LIMAT, à Agen; LIMAC, sur la rive gauche de la Garonne LIMAOU, à l'Est; BORT-HOURYT (bord fait), dans le Néracais.

Animal : rugueux, fortement chagriné, vert-brunâtre en dessus, jaunâtre en dessous; tentacules supérieurs longs, fortement oculés au sommet, les inférieurs courts.

S'accouple en juin, juillet et août, pond cinq à huit jours après une cinquantaine d'œufs ronds dans un trou et autant et plus dans un autre; ses œufs sont ovales, d'un blanc-verdâtre, agglomérés par un mucus incolore et gluant. Les petits éclosent vers le vingtième jour; ils n'ont atteint leur accroissement qu'au milieu de la seconde année. Lorsque ces jeunes Mollusques n'ont encore que deux tours à leur coquille, elle paraît toujours d'un gris roussâtre miroitant, à travers laquelle paraît le système ganglionnaire; les fascies ne commencent qu'à partir du troisième tour. — Edule.

Coquille : globuleuse, conique ou comprimée; stries très apparentes et chagrinées; épiderme d'un jaune foncé; cerclé, de trois à quatre bandes brunes ou presque noires, interrompues et marquées de flammules d'un jaune doré; les deux bandes inférieures plongent dans l'intérieur; ouverture grande, ovale; péristome blanc, épais et réfléchi, quelquefois bleuâtre; intérieur d'un blanc de lait tirant un peu sur l'azuré; ombilic recouvert par la columelle qui est épaisse et calleuse; quatre à cinq tours de spire convexes; le dernier très grand proportionnellement; suture peu marquée; sommet lisse et mamelonné.

Var. *A.* — Fasciata.

Var. *B.* — Brunea, sans fascies.

Var. *C.* — Luteola, unicolore, pellucide.

Var. *D.* — Conica.

Var. *E.* — Depressa.

Var. *F.* — Subscalaris.

Var. *G.* — Scalaris.

Habitent : partout; les jardins, les bois, les champs, auprès des habitations rurales, sous les pierres. Hiverne sous la terre, dans les trous des murs, des rochers; se collent les uns sur les autres et forment ainsi des groupes nombreux; leur épiphragme est papyracé, brunâtre et assez épais, laissant un point plus pâle vers le bord gauche; dans les hivers rigoureux, l'animal se construit jusqu'à trois épiphragmes intérieurs à diverses distances.

(Cette espèce est préférée dans l'Agenais à l'*Helix nemoralis*. On l'élève dans le son et on la prépare pour la table fortement assaisonnée d'une sauce piquante où l'ail domine. Il s'en fait une consommation prodigieuse; on ne les compte que par trois, cinq et six cents. Les amateurs se préviennent à l'avance et se stimulent à qui en mangera le plus : c'est une fête. Ce régal, toujours fort indigeste, n'est appétissant qu'à cause de la sauce épicée qui l'accompagne[*].)

La variété Scalaire a été trouvée, au nombre de deux individus, aux environs de Nérac, à peu de distance l'un de l'autre, par M. Dubor, jeune.

10° **H. Vigneronne. — H. Pomatia.** *(Linné.)*

Syn.—H. Pomatia, *Linn , Mull., List., Drap., Mich , Grat., des Moul., Noul., Poir., Brard., Goup., Héc., Dup., A. Gras, Buv., Put., Joba.* — Le Vigneron, *Geoffroy.*

Animal : fortement chagriné ou pour mieux dire presque écailleux; vert-brun en dessus, vert-jaunâtre en dessous; tentacules supérieurs très longs et fortement oculés; les inférieurs gros et courts; mucus verdâtre et baveux; œufs globuleux, verdâtres. — EDULE.

Pond à la même époque que l'Helix *Aspersa.*

---

[*] Il existe à Agen et aux environs un préjugé fort singulier sur les Limaçons en général : on croit que leurs œufs sont couvés par les Crapauds. La cause de cette erreur doit être attribuée à la présence des Hélices dans les mêmes trous que les Batraciens.

Coquille : globuleuse , un peu conique, fortement striée
en long , ouverture presque ronde, aussi haute que large ;
bord réfléchi , blanc-vineux ; columelle calleuse, arrondie,
recouvrant la fente ombilicale ; spire composée de cinq
tours convexes, le dernier très grand , formant à lui seul
les deux tiers et demi de la coquille ; couleur roussâtre ;
l'avant-dernier tour ceint de deux, trois, quatre et quelquefois cinq bandes d'un brun-roux, plus foncé que le
fond. Ces fascies sont souvent interrompues par les stries
d'accroissement qui, chez cette espèce, sont très élevées ;
sommet obtus, mamelonné et lisse ; épiphragme crétacé
gris-clair, très épais.

Hauteur : 32 milli^m. — Diamètre : 37 milli^m.

Habite : aux environs d'Agen et de Colayrac; rare ; à
l'Ermitage , à Saint-Vincent où je l'ai répandue.

(On m'a remis deux individus vivants trouvés, l'un à Colayrac et l'autre sur la route de Villeneuve. M. Debeaux, fils, assure en avoir trouvé
plusieurs près du Bédat.)

Commune sub-fossile dans les terrains d'alluvions anciennes ; à Sainte-Colombe, à Vianne, à Trenquelléon, &.
(indiquée à Lafox par M. Paul de Reyniès ; à Lamarque,
près Grandfonds.)

11° **H. Nemorale. — H. Nemoralis.** *(Linné.)*

Syn. — H. Nemoralis, *Linné* ; — H. Nemoralis et Hortensis, réunies,
Brard, Noul., Dup., Mich., Desh.; — H. Nemoralis et Hortensis, sé-
parées, *Drap., Poiret, Fav., Merm,, Goup., Joba.* — La Livrée,
Geoffroy. — Gascon : Limaco.

Animal : chagriné , jaunâtre ou noirâtre, marqué latéralement et longitudinalement de plusieurs lignes noirâtres qui correspondent aux fascies de la coquille; tentacules supérieurs très longs; point oculaire noir, nerf rétractile très apparent; s'accouple pendant les mois d'avril à septembre, pond pendant cet intervalle dans un trou, en terre, ou dans le creux des vieux arbres, une pelote d'œufs ronds et blancs au nombre de soixante à cent; les petits éclosent quinze jours après et sont adultes à la fin de la deuxième année. — EDULE.

Coquille : globuleuse, finement striée, très lisse et luisante; ouverture ovale, irrégulière, un peu plus large que haute, bord columellaire presque denté, surbaissé, se relevant subitement; péristome réfléchi; columelle calleuse, en gouttière, recouvrant complètement l'ombilic; spire composée de cinq tours arrondis, suture marquée, sommet lisse.

Couleur variant beaucoup, passant du jaune citron au rouge orangé, rose, blanc ou brunâtre; unicolore ou fasciée de une à cinq et rarement six bandes; souvent plusieurs de ces bandes se réunissent et n'en forment qu'une seule qui, par cette réunion, est fort large et embrasse toute la convexité du dernier tour; épiphragme papyracé très blanc.

Var. *A*. — *Nemoralis;* péristome noir.

Hauteur : 20-27 milli". — Diamètre : 19-31 milli".

Var. *B*. — *Hortensis;* péristome blanc.

Hauteur : 17-19-23 milli". — Diamètre : 15-27 milli".

(La collection des variétés du département est fort riche. J'indique seulement celles qui sont les plus constantes , laissant aux amateurs le soin de les collectionner suivant leur goût.)

VAR. *A*. — QUINQUEFASCIATA.

VAR. *B*. — QUADRIFASCIATA.

VAR. *C*. — TRIFASCIATA.

VAR. *D*. — BIFASCIATA.

VAR. *E*. — UNIFASCIATA.

VAR. *F*. — LUTEOLA, unicolor.

VAR. *G*. — RUFA,   *id.*

VAR. *H*. — ROSEA,   *id.*

VAR. *I*. — OLIVACEA,   *id.*

VAR. *J*. — FASCIATA ALBA.

Habite : la variété *Nemoralis*[*], partout, très-commune dans les vignes, les bois, les haies, &, &. La variété *Hortensis*, rare aux environs d'Agen où je ne l'ai jamais trouvée fasciée ; plus répandue dans le Néracais, d'où M. Dubor, jeune, me l'a envoyée en quantité ; trouvée également à Tournon, Beauville, etc. La variété à fascies translucides à Nérac, rare. (M. Dubor, jeune.)

---

[*] La couleur du péristome, la différence de taille, ont servi de prétexte à certains auteurs pour faire deux espèces de ces deux variétés. Cependant pour l'observateur ces différences sont sans valeur ; 1° LE PÉRISTOME : J'ai des individus à péristome noir, brun, violet, rosé et enfin blanc ; ces passages sont insensibles et conduisent facilement à la réunion ; 2° LA TAILLE : J'ai des individus de l'*Helix Hortensis*, des Pyrénées-Orientales, qui dépassent d'un tiers la taille de nos plus gros *Nemoralis*. Enfin, d'après une foule d'observations souvent répétées, j'ai pu m'assurer que les deux variétés s'accouplaient et se fécondaient

Cette espèce ne se mange guère qu'à l'époque des vendanges. Les campagnards prétendent qu'elle n'est bonne que lorsqu'elle s'est suffisamment repue de feuilles de vigne. Il est certain qu'elle est plus délicate que l'H. Aspersa.

12° H. Vermiculée. — H. Vermiculata. *(Muller.)*

Syn. — H. Vermiculata, *Muller, Drap., Desh., Mich., Payr., Dup., Merm., Joba*, &, &.

Animal : gris, noirâtre, chagriné ; tentacules allongés, grisâtres, point oculaire très-noir ; nerf rétractile, apparent. — Édule. (Même ponte que l'*H. Aspersa.*)

Coquille : sub-globuleuse, déprimée, légèrement striée ; ouverture plus large que haute, péristome blanc et réfléchi ; columelle tordue, surbaissée, formant un angle obtus à sa partie inférieure ; ombilic complètement recouvert par la callosité de la columelle ; suture profonde ; sommet lisse et surbaissé ; spire composée de cinq tours dont le dernier très-grand proportionnellement ; couleur grisâtre, tirant sur le jaune sale ; intérieur brun-violet ; quatre bandes d'un brun-vineux entourent le dernier tour, une plongeant dans l'ouverture, la seconde se joignant à l'insertion du bord latéral et paraissant au-dedans, les deux autres dépassant la carène, et enfin une cinquième beaucoup plus large entoure les premiers tours sur le sommet, cette dernière fascie est interrompue par des linéoles jaunâtres ; en arrière du bourrelet, sur la partie supérieure les fascies sont presque réunies et rembrunissent la coquille qui paraît beaucoup plus obscure en cet endroit que partout ailleurs.

Hauteur : 17–19 milli^m. — Diam. 23–25 mill^m.

Habite : trouvée à Saint–Julien, près Espiens, arrondissement de Nérac, par M. de Trenquelléon ; rare.

III. C. COQUILLE SUBDÉPRIMÉE.

A. *Imperforée.*

13° **H. Marginée. — H. Limbata.** *(Drap.)*

Syn. — H. Limbata, *Drap., Mill., des Moul., Grat., Mich., Bouil., Goup., Desh., Noul., Dup., Merm., Fér.,* &.

Animal : blanchâtre ; tentacules bleuâtres ; s'accouple en août et septembre.

Pond dans les détritus de plantes 40 à 50 œufs ronds agglomérés. L'éclosion a lieu dans les 20 premiers jours : adulte vers le milieu de la deuxième année.

Coquille : globuleuse, quelquefois conique, striée finement ; ouverture arrondie vers le bord columellaire, ovale vers le latéral ; péristome blanc, épais et réfléchi, ombilic plus dilaté que profond ; sept tours arrondis, le dernier caréné ; suture peu marquée, blanche, translucide, bourrelet très–blanc, sommet un peu roux ; ceinte sur la carène par une bande étroite et blanche.

Var. *A.* — *Brunea.* — Couleur de corne brune presque opaque, avec le limbe blanc se détachant nettement. L'animal est complètement noir.

Hauteur : 8-12 milli^m. — Diam. 13-17 milli^m.

Habite : les haies, les bois, partout; facile à trouver après une pluie d'été. Le type très-commun, la var. *A* plus rare.

14° **H. Bimarginée. — H. Carthusianella.** *(Drap.)*

Syn. — H. Carthusianella, *Drap., Mill., Daud., des Moul , Héc., Goup., Desh., Grat., Mich., Noul., A. Gras, Dup., Mermet, Joba, etc. —* H. Carthusiana, *Mull. —* La Chartreuse, *Geoffroy.*

Animal : blanchâtre ou grisâtre, tortillon taché de brun et de noirâtre paraissant à travers la coquille.

Pond en avril et mai des œufs gros pour sa taille, au nombre de 40 à 50 ; les petits sont adultes à la fin de l'été ou de l'automne, c'est l'espèce dont le péristome tarde le moins à se former ; épiphragme papyracé très-blanc.

Coquille : sub-déprimée, finement striée, luisante ; ouverture demi-ovale, les deux bords supérieur et inférieur inclinés l'un vers l'autre, le columellaire plus avancé ; péristome droit à peine réfléchi à la columelle, bordé de fauve et de blanc parallèlement, visible en dessus et en dedans ; six tours de spire arrondis et peu saillants, suture peu profonde, sommet brun et luisant ; couleur variant du blanc mat au fauve transparent.

Var. *B.* — **H. Olivierii**, *Fér., Mich., Compt., Drap.,* pag. 25.— **H. Incolata**, *Parreys.* (Collection.)

Cette variété, maintenue comme espèce par plusieurs

auteurs, ne diffère du type que par sa taille moindre et son bourrelet brun, plus rarement marginé de blanc; son facies est le même; vivent ensemble.

. Hauteur du type : 12–13 milli^m. — Diam. 20–22 milli^m.

'Hauteur de la variété : 5–7 milli^m. — Diam. 10 milli^m.

Habite : les champs, les haies, les friches, les prairies, très-commune dans tout l'Agenais; la variété très-commune dans les Landes.

15° **H. Verdâtre.** — **H. Fusca.** *(Montagu.)*[*]

Syn.—H. Fusca, *Montagu*, *Test.*, *Brit.*, *Gray.*, *Turton.*— H. Revelata, *Bouch.*, *Mich.*

Animal : allongé, vif, couleur grisâtre, violet; tentacules supérieurs, noirâtres; épiphragme vitreux.

Coquille : sub–globuleuse, mince, brillante, imperforée, striée irrégulièrement; glabre; non ombiliquée; ouverture demi-ovale, péristome simple, sans bourrelet, columelle un peu calleuse recouvrant l'ombilic; cinq tours de spire convexes, suture peu marquée; couleur jaune verdâtre.

Hauteur : 4–6 milli^m. — Diam. 6–9 milli^m.

Habite : les Landes, sous les feuilles, dans les haies touffues, à Saint-Julien-de-Fargues, Houeillès, Pompogne, Casteljaloux et Sos, assez commune.

[*] Cette espèce a été prise par plusieurs auteurs pour l'H. REVELATA, de *Férussac*.

II. Ombiliquée.

16° **H. Pubescente. — H. Sericea**. *(Drap.)*

Syn. — H. Sericea, *Drap., Grat., Blainv., des Moul., Coll.-des-Cher., Mich., Mill., Fér., Merm.*

Animal : roussâtre ou bleuâtre en dessus, jaune pâle en dessous ; tentacules plus foncés, yeux noirs.

Œufs au nombre de trente, de forme ronde, opaques et blancs, déposés sur les feuilles mortes.

Coquille : brun rougeâtre, hispide, sub-globuleuse ou trochiforme ; ouverture ovale-arrondie, péristome tranchant et légèrement garni d'un bourrelet peu épais et roux, ombilic peu ouvert mais profond, suture médiocre, sommet proéminent et d'un roux plus clair ; cinq à six tours de spire convexes ; poils recourbés, courts et caducs.

Hauteur : 6-7 milli^m. — Diam. 7-9 milli^m.

Habite : Saint-Julien-de-Fargues, au pied des saules et des peupliers qui bordent l'Ourbise ; à Sos, (M. Capgrand) à Lécussan, dans le bois ; — rare.

17° **H. Occidentale. — H. Ponentina**. *(Morelet.)*

Syn.— H. Ponentina, *Morelet.* (Mollusques du Portugal, avec planches.)

Animal : finement chagriné, d'un gris noirâtre enfumé, tentacules épais, peu déliés et renflés au sommet, pied pâle, manteau gris fauve parsemé de taches violâtres.

Coquille : sub-globuleuse, arrondie, convexe dessus et

dessous; ouverture presque ronde, se joignant par la callosité columellaire; péristome évasé, légèrement réfléchi et garni d'un bourrelet blanc peu épais; ombilic très-étroit; quatre tours de spire convexes, le dernier plus grand, suture profonde, sommet mamelonné, presque toujours frustre, excorié; couleur d'un vert glauque, quelquefois jaunâtre, l'épiderme est parsemé irrégulièrement de poils déliés qui se renversent sur la coquille; lorsque ces poils sont tombés le têt reste pellucide, luisant et finement strié, sa couleur est jaune.

Hauteur : 7-9 milli^m. — Diam. 7-8 milli^m :

Habite : les Landes, à Saint-Julien-de-Fargues, sous les haies, sous les plantes, au pied des arbres; à Casteljaloux sous les armoises; à Sos (M. Capgrand); assez commune.

18° **H. Hispide. — H. Hispida.** *(Linné.)*

Syn. — H. Hispida, *Linné., Bouill., Drap., Mich., Poir., Mill., Grat., des Moul., Noul., Dup., A. Gras, Goup., Coll.-des-Cher., Desh., Buv., Put., Merm., Joba.*

Animal : chagriné, noirâtre en dessus, pâle en dessous; tentacules noirs, déliés.

OEufs semblables à ceux de l'*H. Sericea*, accroissement identique. Lors de l'éclosion la petite coquille est toute couverte de poils rudes.

Coquille : sub-déprimée, ou peu conique, légèrement carénée, stries peu apparentes; ouverture semi-lunaire moins haute que large, les deux bords s'inclinant l'un vers l'autre, le bord columellaire plus avancé, péristome simple, tranchant, bourrelet intérieur blanc; spire de six tours convexes, le dernier sub-caréné, suture marquée, ombilic évasé et profond, couleur de corne transparente, avec une bande laiteuse sur la carène, recouverte de poils noirâtres ou grisâtres, caducs, recourbés, tombant presque toujours à l'état adulte.

Hauteur : 5-7 milli^m. — Diam. 8-10 milli^m.

Habite : le long des eaux vives, des ruisseaux, des rivières, sous l'herbe humide, au pied des saules, très-commune le long de la Garonne, du Lot, de la Baïse, etc.

19° **H. Interrompue. — H. Intersecta.** *(Poiret.)*

Syn, — H. Intersecta, *Poiret, Mich., Brard.* — H. Striata, var. *Drap.* — H. Striata, *Daud., Desh,*

Animal : finement chagriné, d'un gris bleuâtre, jaune pâle en dessous, transparent et comme gélatineux; tentacules supérieurs déliés, assez longs, d'un gris d'ardoise foncé, le point oculiforme brillant et très-noir, situé à la partie supérieure en arrière du bouton : ces tentacules continuent leur coloration aux deux côtés latéraux du nerf rétractile; tentacules inférieurs très-courts presque toujours dirigés vers la terre, leur couleur est gris pâle; pied assez étroit, linguiforme, acuminé fortement à sa partie postérieure. Ce Mollusque est d'une timidité extrême, rentre dans sa coquille à la moindre apparence de danger et ne se décide à sortir que lorsqu'il s'est passé assez de temps pour le rassu-

rer ; porte sa coquille très-élevée au-dessus du plan locomoteur, se nourrit de plantes pourries ; s'accouple en juillet, août et septembre, pond 15 jours après 15 à 25 œufs,
petits, gélatineux, blancs et brillants, les petits atteignent
l'état parfait en mai ou juin de l'année suivante.

Coquille : convexe, trochiforme, fortement striée ; ouverture arrondie, péristome bordé d'un bourrelet épais,
blanc, passant du rose au vineux. A la carène du dernier
tour et le long de la suture des autres serpente une bande,
lie de vin interrompue dans son parcours par des fasciés
grises et blanches ; la couleur générale du têt est le gris,
le sommet brun, le dessous grisâtre, interrompue par des
ondulations brunes.

Hauteur : 5–9 milli^m. — Diam. 7–13 milli^m.

Habite : les coteaux arides, les sainfoins secs, exposés
au midi ou à l'ouest, sous les pierres, le serpolet, la
mousse, dans les fentes des rochers et des habitations rus-
tiques, au Grezel, à Charpau, Castillou, Pécau, le Fangot,
à Gaussens, près Ségougnac. (M. Debeaux ; très-commune.)

OBSERVATION : Cette espèce a provoqué une foule de dissertations sur
sa valeur spécifique. *Poiret, Lamarck, Brard et Michaud* l'ont confir-
mée, tandis que *Daubedard, Draparnaud* et plus récemment M. *Deshayes* l'ont réunie à l'H. STRIATA, *Drap.* J'ai pu juger de la différence
qui existe entre l'H. INTERSECTA et l'H. STRIATA si communes toutes
deux dans l'Agenais. La première est presque trochiforme tandis que la
seconde est très-aplatie, beaucoup plus grande, l'ouverture est plus
lunulée, les fascies sont aussi différentes et l'animal n'est nullement le
même. L'une habite les coteaux, l'autre les plaines.

20° **H. Striée.** — **H. Striata.** *(Drap.)*

Syn. — H. Striata, *Drap., Poir., Brard., Mill., Payr., Bouill., Chem.,
des Moull., Grat., Mich., Noul., Dup., Mermet,*—H. Caperata, *Turt.*
— La grande Striée, *Geoffroy.* — Ejusd. Le Petit Ruban.

Animal : chagriné, grisâtre, comme enfumé ; tentacules
supérieurs très longs et fortement oculés au sommet ; nerf
rétractile très apparent ; tentacules inférieurs courts et
obtus ; pied elliptique aigu postérieurement, dessous d'un
blanc–jaunâtre transparent. — Ce Mollusque, à l'inverse
du précédent, rampe toujours à terre, ne s'élève point sur
les plantes.

Pond en juin et juillet trente à quarante œufs très petits
dans la terre ou sous les mottes de gazons arides ; ils atteignent leur état parfait au milieu de l'année suivante.

Coquille : sub-discoïde, sub-déprimée, un peu convexe
supérieurement, dernier tour large, proportionnellement
et légèrement caréné ; ouverture ovale, lunulée, un peu
surbaissée, bords simples et tranchants, péristome épais
et blanc, souvent suivi à l'intérieur de plusieurs bourrelets d'accroissement ; chez quelques individus, celui du
péristome est quelquefois rosé ; ombilic médiocre, suture
peu marquée, cinq tours de spire gradués, sommet peu
élevé, lisse et brunâtre ; stries très fortes, un peu obliques.
Couleur grisâtre, entourée sur le dernier tour et sur le
premiers de cinq bandes étroites et brunes ; trois de ces
bandes plongent dans l'ouverture. Ces bandes sont poin-
tillées de petites taches blanchâtres, interrompues surtout

dans le jeune âge, ce qui les fait ressembler au plumage de certains gallinacés.

Var. *B.* unicolor, grise ou légèrement fauve, ordinairement plus grande que le type.

Hauteur : 6-8 milli^m. — Diam. 9-15 milli^m.

Habite : les champs labourés de la plaine ou des coteaux, peu élevés ; commune à Fiaris dans les champs labourés, aux environs d'Agen ; à Estillac dans le vallon ; à Trenquelléon dans une friche ; à Saint-Julien-de-Fargues ; à Pont-du-Casse, &, & ; commune.

21° **H. Ruban**. — **H. Ericetorum**. *(Muller.)*

Syn. — H. Ericetorum, *Muller, List., Penn., Dacost , Drap., Poiret, Brard, Dilw., Alten., Daud., Mill., Pfeiff., Payr., des Moul., Grat., Coll.-des-Ch., Goup., Rossm., Desh., Mich., Noul., Bouch., Dup., A. Gras, Merm., Joba, Buv., Put.* — Le grand Ruban, *Geoffroy.*

Animal : blanchâtre en-dessous, grisâtre en-dessus ; tentacules noirâtres.

Pond en août, septembre et octobre une soixantaine d'œufs ronds ; état parfait vers la fin de la deuxième année.

Coquille : discoïde, sub-déprimée, ombilic très ouvert, laissant voir tous les tours de spire jusqu'au sommet, suture profonde, striée finement, luisante ; ouverture ovale, bord latéral plus avancé que le columellaire, péristome simple, tranchant, légèrement bordé intérieurement d'un bourrelet variant du blanc-laiteux au rose-clair ; cinq tours de spire aplatis et enroulés sur un même plan , dont le dernier plus grand proportionnellement. Couleur variant du gris-blanc au gris-fauve, cerclé de bandes brunes au nombre de six.

Var. *A*. — Fasciata, à six bandes.

Var. *B*. — Unicolor, grise, les bords bruns.

Var. *C*. — Intermedia, moins grande que les précédentes.

Hauteur : 3-7 milli^m. — Diamètre : 7-13 milli^m.

Habite : les friches, les gazons exposés au midi ou à l'ouest; très commune dans tout le département où elle est fort belle.

22° **H. Négligée**. — **H. Neglecta**. *(Drap.)*

Syn. — H. Neglecta , *Drap., Daud., Coll.-des-Cher., Desh., Merm.*

Animal : pâle, tentacules bleuâtres, point oculaire noir.

Coquille : semblable à la précédente, mais moindre, à spire plus élevée, plus solide et garnie d'un fort bourrelet intérieur; orbiculaire, convexe; ombilic évasé et profond; striée finement; ouverture presque ronde à bords tranchants, bourrelet intérieur blanc et épais, suture médiocre, sommet un peu élevé, lisse et brun; couleur blanchâtre sur laquelle se détachent cinq fascies brunes, la carène est blanche, le dessous brun.

Hauteur : 6-9 milli^m. — Diam. 7-13 milli^m.

Habite : les champs arides et ferrugineux, à Ségougnac, Moirax, près Agen, à Périgard, sur la route de Tournon à Fumel; assez abondante.

OBSERVATION : J'avais pris cette espèce pour une variété moindre de l'*H. Ericetorum*, cependant sa solidité, son bourrelet si épais, et l'élévation de sa spire me faisaient douter si elle appartenait bien authentiquement à cette espèce. La figure de Draparnaud représente l'*H. Neglecta*, beaucoup plus globuleuse et pareille pour la forme à l'*H. Variabilis*, var. *Sub-maritima*, Rossmasler. J'ai reçu l'*H. Neglecta* de la Provence et de Rome, elle est identique avec les individus du département.

—

25° H. Blanchâtre. — H. Candidula. *(Studer.)*

Syn. — H. Candidula, *Studer, Grat., Mich., Merm., Joba.*

Animal : grisâtre, plus pâle en dessous, yeux noirs.

Coquille : déprimée, blanchâtre, assez finement striée, carénée, sub-globuleuse ou sub-conique ; ombiliquée ; sommet élevé et brun, dessous convexe ; ouverture ovale, déprimée, plus large que haute, péristome simple, tranchant, bourrelet intérieur, épais et blanc, formant à sa partie inférieure des petits mamelons dentés ; suture assez profonde. Sur le fond blanc de la coquille, en suivant la carène paraît une fascie brun-rougeâtre qui va se perdre au point d'insertion du troisième tour ; quelquefois cette fascie est suivie de plusieurs autres moins marquées qui toutes plongent dans l'ouverture, mais le plus souvent elles se réduisent de une à deux ; cinq tours de spire convexes.

Hauteur : 6-7 milli^m. — Diam. 7-9 milli^m.

Habite : les prairies des bords de la Garonne ; dans les endroits un peu élevés, sur les rochers, dans les friches, à Thibet ; sur le plateau de l'Ermitage d'Agen ; — assez rare.

24° **H. des Gazons. — H. Cespitum.** *(Drap.)*

Syn. — II. Cespitum, *Drap., Bouill., Desh., Daud., Mich., Rossm.,*
Mill., Merm. — II. Fasciolata, *Poiret.*

Animal : grisâtre, tentacules violâtres.

Pond en août et septembre une soixantaine d'œufs calcaires ronds, sous les plantes sèches, l'éclosion à lieu du
10° au 15° jour, les petits sont adultes vers le milieu de
l'année suivante.

Coquille : variant pour la forme et la couleur, mais le
plus souvent sub-déprimée, rarement globuleuse, striée
irrégulièrement, terne; ouverture demi-ovale, plus large
que haute; péristome tranchant, garni à l'intérieur d'un
léger bourrelet blanchâtre; ombilic ouvert et profond,
moins cependant que chez les espèces précédentes; six
tours de spire plus ou moins convexes; suture marquée;
sommet brun luisant; couleur gris jaunâtre; une à 5 fascies
brunes, souvent inégales.

Var. *A.* — Unicolor.

Hauteur : 9-14 milli^m. — Diam. 15-25 milli^m.

Habite : les vignes, les sainfoins, les gazons secs, au
midi, à Agen, à l'Ermitage, dans le vallon de Vérone,
à Pécau, à Trenquelléon, Francescas, & ;—très-commune.

25° **H. des Oliviers. — H. Olivetorum.** *(Gmel.)*

Syn. — II. Olivetorum, *Gmelin, Daud.* — II. Algira, var. *Dilw., Desh.*
—II. Incerta, *Drap.* — Zonites Olivetorum, *Moq.-Tand.* — Sous-
Genre : Hyalinia, *Gray.*

Animal : noir-bleuâtre, fortement chagriné; tentacules
plus pâles, les inférieurs très-petits; pied médiocre,
bleuâtre en-dessous.

Pond en juillet, août et septembre une pelote d'œufs ronds, gélatineux, blancs-verdâtres, réunis par un gluten incolore, l'éclosion a lieu de vingt à trente jours après. En naissant les petits sont souvent blanchâtres et leur coquille à peine colorée ; ils atteignent leur accroissement à la fin de la deuxième année ; épiphragme vitreux.

Coquille : globuleuse, un peu conique, luisante, finement striée ; ouverture plutôt ronde qu'ovale ; péristome simple, tranchant, sans bourrelet extérieur ni intérieur, quelques stries d'accroissement très-visibles près des bords ; sept tours de spire convexe ; suture marquée ; ombilic large et profond ; couleur fauve, luisante en-dessus, dessous gris-bleuâtre ou verdâtre ; sommet excorié.

Hauteur : 13-16 milli^m. — Diamètre : 19-24 milli^m.

Habite : les bois humides et élevés, exposés au levant ou au nord, sous les feuilles mouillées, dans la terre au bas des rochers ; très commune dans le vallon de Vérone, dans la garenne ; chez Mme Ducos, à Dorville, même vallon ; à Lacassagne, Trenquelléon, Nérac, &., &.

IV. D. COQUILLE APLATIE.

A. *Péristome réfléchi*.

26° **H. Cornée**. — **H. Cornea**. *(Drap.)*

Syn.—H. Cornea, *Drap., Daud., Payr., Mill., Desh., des Moul., Mich ,
Bouil., Grat., A. Gras, Merm.* — H. Squammatina, *Marc. de Serr.*

Animal : gris, presque noir en dessus, tentacules gris enfumé, dessous du pied gris-verdâtre.

Pond, en août et septembre, une trentaine d'œufs opalins sous les pierres des rochers ; les petits sont adultes au milieu de la deuxième année ; épiphragme vitreux.

Coquille : aplatie, sub-convexe, ombiliquée ; ouverture ovale, avec un pli à peine visible, placé sur le bord columellaire, fortement striée dans le sens des accroissements ; suture profonde ; cinq tours presque planes en dessus, plus convexes en dessous ; couleur de corne plus ou moins foncée, presque chocolat ; une bande noire parcourt la carène et se perd à l'insertion des tours ; il existe quelquefois d'autres fascies, mais qui ne se continuent pas à partir de l'ouverture.

Hauteur : 7 milli^m. — Diamètre : 14-14 1|2 milli^m.

Habite le Haut-Agenais, à Thézac, Péricard, Tournon, Fumel, Monsempron, Libos, Beauville, &. On le trouve sous les pierres et principalement sur les ceps de vigne sauvage, après une pluie chaude, assez abondante.

27° **H. Lampe.** — **H. Lacipida.** *(Linné.)*

Syn. — H. Lacipida, *Linn., Mull., List., Drap., Mich., Poir., Roiss., Daud., Desh., Grat., Brard., des Moull., Bouil., Mill., Merm., Put., Buvig., Joba.* — Carocolla Lacipida, *Lamk.* — La Lampe, *Geoffroy.*

Animal : brun-noirâtre, tentacules supérieurs très longs et déliés ; sur le dessus du cou partent deux lignes noires presque marginales qui vont se réunir aux tentacules qui sont de la même couleur.

Pond en juin et juillet une trentaine d'œufs très petits et blancs ; la coquille n'acquiert son entier développement que vers la fin de l'année suivante ; épiphragme très blanc papyracé.

Coquille : planorbique, aplatie fortement, carénée, convexe des deux côtés ; striée obliquement ; la carène forme en dessus et en dessous une sorte de rebord tranchant. Ouverture elliptique, anguleuse à ses deux extrémités, un peu évasée vers l'ombilic ; bord latéral formant une gouttière ogivale ; péristome blanc, continu, réfléchi, se détachant de l'avant-dernier tour ; cinq tours de spire écrasés, suture peu marquée, ombilic large et profond ; couleur cornée, brune, dessous plus pâle, carène blanche ou jaune clair ; les tours supérieurs sont quelquefois radiés de brun et de corné clair.

Var. *B.* — Radiata.

Hauteur : 6–7 milli^m. — Diamètre : 15–17 milli^m.

Habite : tous les rochers, dans les bois humides, les vieux murs de clôture ; à Vérone, Estillac, Nérac, Villeneuve, Aiguillon, Nicole, Marmande ; commune dans tout le département.

28° H. Mignonne. — H. Pulchella. *(Muller.)*

Syn. — H. Puchella, *Muller*, *Drap.*, *Poir.*, *Brard.*, *Mill.*, *Alt.*, *Daud..*
Nills., *Kleeb.*, *des Moul.*, *Grat.*, *Desh.*, *Goup.*, *Mich.*, *Noul.*, *Dup..*
A. Gras, *Put.*, *Buvig.*, *Merm.*, *Joba.* — H. Pulchella, ejusd. Costata,
Gmel., *Pfeiff.*, &. — H. Pulchella, var. A, *Drap.*

Animal : blanchâtre, un peu soufré, tentacules plus foncés.

Pond de juillet à septembre une vingtaine de petits œufs gélatineux qui éclosent quinze à vingt jours après ; croissance rapide, adulte au commencement de l'année suivante ; épiphragme mince, vitreux.

Coquille : petite, aplatie, à tours convexes des deux côtés, lisse, luisante ; ouverture ronde ; péristome épais, réfléchi et très-blanc ; ombilic large et ouvert, laissant voir le sommet ; quatre tours de spire, le dernier évasé vers l'ouverture : couleur variant du blanc au blanc laiteux.

Hauteur : 1–1|2 milli^m. — Diamètre : 2 milli^m.

Habite : les rochers et les bois humides, à Lécussan, Pé-Joli, Moirax, Bon-Encontre, Layrac, Nérac, Trenquelléon, près de la fontaine ; à Villeneuve le long des rochers du Lot ; très commune, surtout dans les alluvions de nos cours d'eau.

29° **H. à Côtes**. — **H. Costata**. *(Muller.*)*

Syn. — H. Costata, *Mull.* — H. Puchella, var. B, *Drap.*

Animal : semblable au précédent.

Coquille : semblable pour la forme à la précédente, plus souvent moindre ; différant d'elle par son épiderme brunâtre, costellé obliquement dans tout le parcours de la carène. En dessous de l'épiderme la coquille est blanche, mais conserve la trace des stries sur lesquelles se juxtaposaient les côtes.

---

* Muller a divisé l'Hélix *Pulchella* des auteurs en deux espèces, se fondant sur la différence de l'épiderme qui n'existe que pour une, tandis que l'autre en est dépourvue. Je me range à cette autorité, car l'inspection microscopique des deux espèces m'a forcé de les diviser.

Hauteur : 1 1|2 millim. — Diamètre : 1 1|2-2 millim.

Habite : avec la précédente ; plus rare.

30. H. Trigonophore. — H. Obvoluta. *(Muller.)*

Syn. — H. Obvoluta, *Muller, Drap., Dilw., Brard., Daud., Blainv., des Moul., Mill., Pfeiff., Bouil., Goup., Maud., Dup., Noul., Rossm., Desh., Merm., Joba.*— H. Bilabiata, *Oliv.*— H. Trigonophora, *Lamk.* — La Veloutée, à bouche triangulaire, *Geoffroy.*

Animal : noir, chagriné, tentacules longs et filiformes, dessous du pied gris sale ; s'accouple en mai, juin et juillet.

Pond : deux ou trois jours après, une vingtaine d'œufs très petits, réunis par un gluten invisible ; les petits sortent de l'œuf au bout de 20 jours avec un tour et demi de spire couverts de poils et déjà de couleur cornée ; ils atteignent leur accroissement parfait vers la fin de novembre.

Coquille : discoïde, enroulée sur un même plan, à la manière des Planorbes ; dessus horizontal ou légèrement concave ; suture peu marquée, dessous fortement ombiliquée, laissant voir tous les tours ; ouverture triangulaire formée par un pli surbaissé du péristome qui est réfléchi et d'une couleur rose ou rose vineux ; six tours pressés et s'agrandissant graduellement. Couleur brun foncé, épiderme recouvert, à l'état frais, de poils courts, soyeux et caducs, tombant presque toujours après la mort naturelle de l'animal, tandis qu'ils se conservent lorsqu'il a été tué violemment pour échantillon de cabinet.

Hauteur : 4-5 millim. — Diamètre : 10-11 millim.

Habite : les bois fourrés et humides des coteaux, au levant et au nord, au vallon de Vérone, à Vérone, à Dor-

ville chez Mme Ducos, à Cambes chez M. Labat, à Lacassagne, Trenquelléon, Beauregard, Lécussan, &., &., très
commune.

B. Péristome simple.

31° H. Pygmée. — H. Pygmæa. *(Drap.)*

Syn. — H. Pygmæa, *Drap., Bouill., Fér., Goup., Dup., Merm., Joba.*

Animal : brunâtre en dessus, plus pâle en dessous.

Pond en août et septembre une vingtaine d'œufs opalins
très petits, sous les détritus calcaires. L'accroissement est
complet vers le milieu de l'année suivante; épiphragme
vitreux très mince.

Coquille : très petite, convexe des deux côtés, striée
très finement; ouverture semi-lunaire, plus large que
haute, péristome simple et tranchant, ombilic évasé, suture profonde, quatre tours convexes.

Hauteur : 1|2 millimètre. — Diamètre : 1 millimètre.

Habite : les bois montueux, sous les mousses, les feuilles, les pierres, à Beauregard, Lécussan, Cambes, Bruch,
Saint-Julien-de-Fargues; commune surtout dans le Haut-
Agenais, à Thézac, Tournon, Péricard, &., les alluvions
de la Garonne.

32° H. Bouton. — H. Rotundata. *(Muller.)*

Syn. — H. Rotundata, *Muller, D'Argenv., Dacos, Drap., Mich., Poir.,
Brard., Mill., Daud., des Moul., Coll.-des-Ch., Desh., Bouill., Dup.,
Merm., Buv., Put., Joba.* — Le Bouton, *Geoffroy.*

Animal : noirâtre en dessus, plus pâle en dessous; tentacules noirs filiformes.

Pond en été des œufs ronds au nombre de 25 à 30, déposés sous les détritus des feuilles mortes, au pied des arbres; ces œufs sont blancs ou blancs-jaunâtres, quelquefois même un peu roussâtres, ceux des Landes surtout. Je crois que leur éclosion a lieu promptement, car dix jours après j'ai vu de petits individus hors de l'œuf; la coquille est adulte la première année ; épiphragme blanchâtre.

Coquille : très aplatie, surtout vers les bords de la carène qui est aiguë; convexe en dessous, stries très fortes, parsemées de taches d'un brun plus foncé que le têt et formant des fascies interrompues se dirigeant obliquement d'avant en arrière; ouverture arrondie, semi-lunaire ; péristome simple; ombilic très évasé et profond, laissant voir les tours supérieurs jusqu'au sommet; couleur de corne brune, taches plus sombres et plus rouges; huit tours de spire aplatis et serrés; suture médiocre.

VAR. *B.* — UNICOLOR.

Hauteur : 2 milli^m. — Diamètre : 5 1j2 6 milli^m.

Habite : les bois, au pied des chênes, sous la mousse, à Beauregard, Lécussan, Pé-Joli, Tournon, Saint-Julien-de-Fargues, Sos; assez commune.

35° **H. Luisante. — H. Cellaria**. *(Muller.)*

Syn. — Cellaria, *Muller, D'Argenv., Gmel., Daud., Coll.-des-Cher.* — H. Nitida, *Drap., Mill.* — H. Lucida, *Turton. Brard, Goup.*, &. — H. Cellaria, var. B.(Labio collumellari, depresso Porro.*) Zonites Cellarius, *Moq. Tand.*

Animal : bleuâtre, plus pâle en-dessous; tentacules plus foncés.

* Carlo Porro, Vedi, t. 1, f. 2, pl. 1, fig. 2.

Pond pendant tout l'été de 20 à 40 œufs ronds, blancs,
réunis par un mucus incolore ; ils éclosent vers le douzième
jour, et la coquille est adulte dans les premiers quatre
mois qui suivent l'éclosion.

Coquille : aplatie, lisse, luisante, très-finement striée,
un peu convexe en-dessus; ouverture demi-ovale, échancrée par la convexité de l'avant-dernier tour ; ombilic évasé;
les spires varient de quatre à cinq tours, le dernier plus
grand proportionnellement; suture médiocre, sommet
aplati; couleur variant du jaune au verdâtre en-dessus,
dessous gris azuré.

Var. *B.* — Sylvestris.

Hauteur : 5–5 1|2 milli^m. — Diam. 11–14 milli^m.

Habite : tous les lieux bas et humides qui recèlent des
matières putrides, les caves, les éviers, au bas des murs
des habitations exposées au Nord; — très-commune.

Observations : La var. *B* n'habite que les bois élevés et a un faciès
constant qui la distingue du type; sa couleur est plus pâle ainsi que celle
de l'animal, ses tours sont plus pressés et son ouverture plus ronde. Se
trouve à Trenquelléon, dans le bois; à Lécussan, à Beauregard, &.; —
n'est pas commune.

34° H. Lucide. — H. Nitida. *(Muller.)*

Syn. — H. Nitida, *Muller, Daud, Bowd., Dup.* — H. Lucida, *Drap.*
— Zonites Nitidus, *Moq. Tand.*

Animal : très-noir, luisant; tentacules supérieurs longs
et grêles, les inférieurs courts et obtus.

Pond en mai et juin une trentaine d'œufs petits, opalins,
retenus par un mucus incolore; épiphragme vitreux, très-
mince.

Coquille : déprimée, convexe en-dessus, concave en-dessous ; ouverture ovale, oblique, échancrée par l'avant-dernier tour ; bord simple et tranchant ; suture marquée ; ombilic évasé laissant voir deux tours ; stries très-fines et peu visibles à l'œil nu ; couleur jaune d'ambre ou brunâtre très-luisante, transparente lorsqu'elle est vidée, noire opaque, habitée par l'animal ; cinq tours de spire un peu convexes.

Hauteur : 3 milli^m. — Diam. 5 milli^m.

Habite : les oseraies des bords de la Garonne, de la Baïse, du Gers, du Lot, & ; sous l'herbe humide, rampe à terre. Commune aux environs d'Agen, de Villeneuve, Nérac, Aiguillon et sur toutes les berges des cours d'eau.

35° **H. Brillante. — H. Nitens.** *(Michaud.)*

Syn. — H. Nitens, *Michaud.* Compl^t. (figurée.) — H. Nitens, *Grat., Poir., Mat. et Rak., Linné.* — Helix Helicella Nitens, *Fér.* — Zonites Nitens, *Moq. Tand.*

Animal : noirâtre, chagriné ; tentacules supérieurs, longs et fortement oculés ; tentacules inférieurs très-petits, dessous du pied gris sale.

Pond en juin, juillet et août une quarantaine d'œufs très-petits, ronds, gélatineux, blancs-verdâtres, déposés sous les feuilles mortes. L'accroissement est fort lent chez cette espèce qui n'est adulte qu'à la fin de l'année suivante ; épiphragme vitreux très-mince.

Coquille : orbiculaire, déprimée, très-mince, luisante et diaphane, striée longitudinalement ; ouverture déprimée oblique, bord columellaire échancré, le latéral très-avancé ;

péristome simple et tranchant; ombilic large et profond; couleur d'ambre sombre en-dessus lorsque l'animal marche, plus foncée encore vers le sommet, le ligament paraît alors comme une ligne brune tout autour de la première spire; quatre tours convexes, suture médiocre.

Hauteur : 4 1|2 milli^m. — Diam. 8-10 milli^m.

Habite : les bois humides sous les feuilles mortes, à Beauregard, Lécussan, Pé-Joli, Cambes, Lacassagne, bois de Dorville; — commune.

36° H. Nitidule. — H. Nitidula. *(Drap.)*

Syn.—H. Nitidula, *Drap., Mill., des Moul., Grat., Kikœx, Bouil., Fer, Merm.* — Zonites Nitidulus, *Moq. Tand.*

Animal : gris-ardoise en-dessous, gris très-clair en-dessus; tentacules supérieurs très longs, les inférieurs à peine visibles.

Coquille : très petite, fortement aplatie en-dessus, un peu convexe en-dessous, mince, fragile, luisante et diaphane; stries visibles seulement à la loupe; ouverture plus large que haute; bord columellaire moins avancé que le latéral; péristome simple et tranchant; ombilic évasé et profond, couleur blanc-jaunâtre brillante; quatre tours de spire aplatis, le dernier plus grand.

Hauteur : 1 milli^m. — Diam. 2 1|2 milli^m.

Habite : sous les feuilles mortes, dans les bois, à Trenquelléon, à Bruch, à Nérac, à Lacassagne, &.; les alluvions de la Garonne où elle devient alors d'un blanc luisant de porcelaine; — rare.

37° **H**. **Cristalline**. — **H**. **Cristallina**. *(Muller.)*

Syn. — H. Cristalline, *Mull., Drap., Fér.,Mill., Coll.-des-Cher., des
Moul., Mich. Grat., Dup., Bouil., Goup., A.Gras, Noul., Bouch.,
Maud., Merm.*— Zonites Cristallinus, *Moq. Tand.*

Animal : blanchâtre, soufré; tentacules bleuâtres.

Coquille : très-aplatie, mince, fragile, petite, d'un blanc
verdâtre-hyalin à l'état frais, d'un blanc mat et luisant
lorsqu'elle a roulé; ouverture plus large que haute embras-
sant la coquille depuis l'ombilic en-dessous et du sommet
en-dessus; les bords se surbaissent tous les deux l'un vers
l'autre; péristome simple et tranchant, légèrement bordé
à l'intérieur; ombilic médiocre; cinq tours de spire pressés
les un contre les autres et peu gradués.

Hauteur : 1 milli^m. — Diam. 2 1|2-3 milli^m.

Habite : les bois humides, sous les pierres, les feuilles
mortes, à Véronc, Lacassagne, Tournon, Beauville, Nérac, Tonneins, &.; — commune dans les alluvions de nos
cours d'eau.

—

GENRE SIXIÈME.

Bulime. — **Bulimus**. *(Bruguière.)*

CARACTÈRES :

Animal : limaciforme, rampant sur un pied elliptique
allongé; collier charnu entourant le cou; tête en forme de
mufle; quatre tentacules dont les deux supérieurs plus

grands et oculés au sommet. (Génération semblable à celle
des Hélices.)

Coquille : turriculée, lisse ou légèrement striée, épidermée ou non; ouverture plus haute que large, ovale, entière lisse, avec ou sans plis et sans troncature à la base;
un épiphragme calcaire papyracé ou vitreux.

Habitent de préférence les endroits rocailleux des bois
humides, ou dans les plaines sous l'herbe mouillée, se nourrissent de matières fraîches ou putrides.

ESPÈCES :

1. **B. Radié.** — **B. Radiatus.** *(Brug.)*

Syn. — B. Radiatus, *Brug , Drap., Rossm., Roiss., Desh., Bouil., A.
Gras, Mich., Maud , Merm.*

Animal : roussâtre; tentacules transparents, laissant
voir le nerf rétractile qui continue sur les côtés du cou;
tentacules inférieurs très-courts, les supérieurs asséz forts
à la base, peu renflés au sommet; épiphragme baveux,
transparent; œufs calcaires, ronds, pondus en juin, au
nombre de trente, sous les pierres, les feuilles mortes;
adultes dans les premiers mois de l'année suivante.

Coquille : oviforme, oblongue, solide, presque lisse,
finement striée en long; ouverture ovale, entière; péristome un peu réfléchi et blanc; columelle calleuse couvrant
la fente ombilicale; sept tours de spire convexes, le dernier
plus grand; suture marquée, sommet obtus; couleur d'un

gris crayeux, radiée obliquement de linéoles fauves, luisantes, produisant l'effet du papier maculé d'huile.

Var. — Unicolor.

Hauteur : 22 milli^m. — Diam. 10 milli^m.

Habite : le Périgord, le Quercy, le département, à Monsempron, Fumel, Libos, Péricard, &., assez rare. Reçue de Tournon parmi des fossiles envoyés par M. Loubatières, aîné.

2. **B. Obscur.** — **B. Obscurus**. *(Drap.)*

Syn. — B. Obscurus, *Drap., Mill., Brard., Roiss., Bouil., des Moul., Goup., A. Gras, Maud., Dup., Mermet, Joba.* — Bul, Hordaceus, *Brug.* — H. Obscura, *Gmel.* — Le Grain d'Orge, *Geoffroy.*

Animal : noirâtre ou brunâtre, plus pâle en–dessous.

Pond : 15–20 œufs, de mai à septembre, gros par rapport à l'animal, ovales arrondis ; accroissement parfait vers les premiers mois de la seconde année.

Coquille : turriculée, oblongue, cornée, peu luisante, striée en long ; ouverture presque ovale ; péristome blanc et réfléchi ; columelle calleuse, fente ombilicale, oblique ; six à sept tours convexes ; suture assez profonde.

Hauteur : 9–10 milli^m. — Diam. 4–4 1|2 milli^m.

Habite : les rochers montueux, sous les feuilles, les détritus calcaires, à Saint-Vincent, à Sabioy-Sagut, sur le chemin de Thibet, à Charpau, Cambes, Estillac, Tournon, St-Julien-de-Fargues ; — répandue, commune nulle part.

5. B. Tronqué. — B. Truncatus. *(Ziègler.)*

Syn.—B. Truncatus, *Zièg., Cuv.*—B. Decollatus, *Brug., Drap., Roiss., Noul., Merm.* — H. Decollata, *Linn., Daud.*

Animal : chagriné, noirâtre, plus pâle en–dessous ; tentacules supérieurs longs et fortement oculés, les inférieurs très courts. — Œufs calcaires, ronds.[*]

Coquille : turriculée, striée en long, longue, presque cylindrique, toujours tronquée au sommet, à l'état adulte ; conico-cylindrique à l'état jeune, sans troncature au sommet qui est mamelonné ; ouverture ovale ; péristome blanchâtre ou un peu rosé, peu réfléchi, mais épais ; columelle calleuse recouvrant l'ombilic qui paraît à peine ; quatre à cinq tours convexes ; suture marquée ; sommet tronqué, fermé par une cloison en spirale, couleur gris-fauve corné, luisant, radié de taches brunes ; épiphragme calcaire brillant.

Hauteur : 20 milli^m. — Diam. 8 milli^m.

Habite : les vignes des coteaux élevés, au sud et sud-ouest, dans les friches, à St–Vincent, Bellevue, Bagatelle, le Bédat, Ste-Radegonde, Puymirol, & ; — très-commune.

[*] J'ai eu quelques accouplements forcés avec les Hélices Variable et Pisana. Lorsque le tonnerre grondait, j'enfermais un Bul. Tronqué avec une de ces Hélices, sous un couvercle en gaze métallique ; l'électricité aidant, les animaux se recherchaient bientôt, se fuyaient pour revenir encore, leurs désirs fortement excités les portaient enfin à s'accoupler. Je n'ai point vu de Bulimes pondre et développer autre chose que des individus de leur espèce, mais les Hélices produisaient des variétés de coloration et de forme qui s'écartaient un peu de leur type, sans toutefois avoir le facies des Bulimes.

Observations sur le Bulime Tronqué[*].

[**] Pendant l'été de 1842, je recherchais les Mollusques qui vivent dans nos eaux douces et dans nos champs pour les comparer avec les Coquilles fossiles que m'offraient les calcaires exploités pour la construction du pont-canal. Ce fut lors d'une excursion que je fis près le Bédat[***], que je me procurai le Bulime Tronqué vivant. Je le trouvai au nombre de huit individus que j'emportai avec soin. Arrivé chez moi, je m'empressai de les mettre sur une caisse remplie de terre où végétaient quelques Belles-de-Nuit *(Mirabilis Jalapa)*. Cette caisse était située au 2me étage , sur une terrasse, très exposée à la chaleur. Je recouvris mes Bulimes avec une gaze métallique et je leur donnai des plantes en décomposition.

Ils mangèrent pendant deux soirs et deux nuits avec avidité; ils étaient au contraire enfoncés verticalement dans la terre pendant le jour et de manière quelquefois à disparaître complètement. Je m'aperçus en les retirant que plusieurs avaient fermé leur ouverture avec un épiphragme calcaire blanc brillant[****]. J'avais soin d'humecter la terre de la caisse et de la tenir dans le même état de chaleur humide pour que mes Mollusques pussent aller et venir sans être incommodés par la dureté de la surface. Le lendemain, vers sept heures du soir , je renouvelai mon expérience en retirant un de mes Bulimes pour savoir comment il se débarrasserait de son épiphragme.

Il resta un instant engourdi et sans mouvement. Ce ne fut que vers sept heures trois quarts que je vis l'épiphragme se mouvoir, se détacher

[*] Ces observations ont été consignées dans les actes de la Société Linnéenne de Bordeaux, tome xv, 1re livraison. — Oct 1847.

[**] La singularité de la troncature de cette coquille fut décrite par Buisson, dans les Mémoires de l'Académie Royale des Sciences , page 99, 7 Décembre 1759, sous ce titre : *Observations sur une espèce de Limaçon terrestre dont le sommet de la Coquille se trouve cassé sans que l'animal en souffre.* Ce sont des notes prises dans ces mémoires, à Paris, en 1839 , qui m'ont guidé dans mes recherches.

[***] A un quart-d'heure d'Agen sur la route de Bordeaux.

[****] Planche 1; fig. 4.

lentement et tomber. L'animal se mit alors à ramper et se dirigea vers les détritus que deux autres dévoraient depuis un moment.

Je pus les observer à mon aise pendant l'obscurité, au moyen d'une lampe dont je dirigeais la lumière sur eux avec un abat-jour; je les vis tous sortir de terre, manger pendant deux ou trois heures et s'enfoncer plus ou moins dans la terre après leur repas.

Le lendemain je remuai la terre pour m'assurer si la position verticale qu'ils avaient en s'enfonçant était toujours la même. Je m'aperçus du contraire, car plusieurs avaient enfoncé leur coquille suivant une ligne oblique et d'autres dans une position presque horizontale. Je dois le dire pourtant : sur huit Bulimes que je possédais, cinq conservaient la position verticale et par suite se trouvaient plus profondément enfoncés que ceux dont la position était oblique; tandis que ceux enfoncés horizontalement étaient presque tous à fleur de terre. Je supposai d'après cela que les premiers s'étaient enfoncés avant les seconds et ainsi les seconds avant les derniers.

M. Brisson parle dans son *Mémoire* de jeûnes périodiques que fait l'animal lorsqu'il se sent suffisamment repu. Pour bien me convaincre de ce fait, je marquai plusieurs individus et je m'aperçus qu'après plusieurs jours passés à manger, mes Bulimes s'enfonçaient sous terre, et c'était alors que pour jeûner ils fermaient l'ouverture de leur coquille avec l'épiphragme dont il a été question : c'est donc lorsqu'ils cherchent le repos et surtout qu'ils se préparent à passer l'hiver qu'ils se cloisonnent ainsi.

Je m'aperçus, pendant les fortes chaleurs de juillet et d'août, que mes Bulimes ne sortaient que rarement de leur retraite et mangeaient fort peu. Je soulevai la terre qui les recouvrait et ma joie fut grande quand je les trouvai chacun sur une pelote de petits œufs ronds et blancs. Je me hâtai d'en briser un et j'y vis une petite coquille presque de la grosseur de l'œuf avec un rudiment de spire, mais si gélatineuse qu'il me fut impossible de la conserver.

J'attendis encore quelques jours et je brisai avec précaution un de ces œufs qui était exactement rond et friable, comme ceux des *Testacelles*; sa circonférence n'excédait pas 3 millimètres. La petite coquille qu'il contenait ressemblait au jeune *Maillot ombiliqué*. Je la posai sur les détritus, espérant que l'animal marcherait et essaierait même de manger; mais ni à l'œil nu ni à l'aide de la loupe je ne pus voir faire un mouvement à mon jeune Mollusque qui le lendemain était sec et mort. Enfin le 22 août, entre sept et huit heures du soir, j'aperçus deux individus à peine éclos et cependant marchant les tentacules en avant sur un plant de laitue que j'avais posé là à dessein. Je les observai attentivement à la loupe et je m'assurai qu'ils recherchaient de préférence la laitue fraîche aux végétaux morts. Ils avaient la même forme que les premiers que j'avais retirés de l'œuf, c'est-à-dire que la coquille était plus large que haute, conique, arrondie, avec l'ouverture très fragile, comme toutes les coquilles non arrivées à leur entier développement ; la spire se composait de trois tours ; la couleur du têt était jaunâtre et l'animal encore gélatineux avait aussi cette couleur.

Le 24, sept petits sortirent de terre en tout semblables aux précédents. Armé de ma loupe, j'observai quelques jours après si aucune spire n'était ajoutée aux autres ; il me fut facile d'en apercevoir une nouvelle : je vis que le diamètre était changé et que la forme tendait à devenir cylindrique. Cette rapidité cessa tout-à-coup et mes Bulimes se cachèrent pendant quatre jours.

Le 30 août le temps devint subitement orageux ; je m'empressai de monter et je vis la terre remuer dans quelques parties de la caisse ; un instant après les jeunes et les vieux sortirent de leur trou et se mirent à ramper. Il est à remarquer que les jeunes n'avaient que la tête qui fût cachée sous la terre, bien que d'ailleurs ils gardassent la même position que les vieux[*].

M. Brisson disant dans son *Mémoire* que le temps consacré à la nutrition était aussi celui de l'accroissement, je laissai mes Bulimes pendant huit jours sans les regarder, ayant soin de leur donner la pâture. Le fait se confirma : leur coquille s'était accrue et comptait déjà six tours de spire. Ainsi, depuis leur sortie de l'œuf, c'est-à-dire depuis seize jours environ, ils avaient augmenté leur spire de trois tours.

Cette croissance paraît extraordinaire et pourtant elle ne s'arrête pas là. Après quelques jours passés à manger et à jeûner, plusieurs de mes Mollusques avaient atteint huit spires ; d'autres (et c'étaient les plus nombreux) en avaient atteint neuf ; et j'eus même un individu qui en comptait dix et demi, sans que pour cela aucun fût adulte ; car leur péristome n'était point formé et leur columelle était tronquée comme celle des *Agatines*.

Il est à noter que, un mois et dix-sept jours à peine s'étaient écoulés

[*] S'inclinant plus ou moins, de manière à faire voir la forme de l'angle.

depuis leur naissance, lorsque je vis mes Bulimes avec tous leurs tours.
(Nous étions alors au 22 octobre 1842.)

Toujours guidé par les notes que m'avait fournies le *Mémoire* de
M. Brisson, j'attendais que l'animal retirât son corps et le descendît à
la cloison inférieure du second tour. Je fus bientôt satisfait, car trois
individus abandonnèrent le premier tour au commencement du mois
cité. (Je pus m'en apercevoir à la transparence de la partie vide.) Le
lendemain deux autres avaient abandonné le premier et le second; et un,
plus actif, avait même quitté le troisième.

J'observai attentivement ce dernier avec ma loupe, et au moyen de la
lampe placée derrière la coquille, je pus apercevoir une cloison formée
au dessous des trois spires que le Mollusque avait quittées; je notai pré-
cieusement cette particularité qui me prouvait qu'au moyen de cette
cloison l'animal avait le soin de mettre sa coquille à l'abri des influences
atmosphériques, et qu'après cette opération il pouvait se défaire des
spires inutiles, sans nuire en rien au développement des autres parties.

Il me restait à savoir comment mes Bulimes s'y prendraient pour
opérer la fracture de leur coquille, et si les tours se détacheraient ensemble ou partiellement.

Malgré toute l'assiduité que je mis à les observer, sur cinq arrivés au
moment de briser leur têt, deux le firent sans que je m'en aperçusse
autrement que par les sommets détachés de leur coquille, que je trouvai gisants sur la terre de la caisse.

Il m'en restait trois, et de ceux-ci pourtant j'obtins entière satisfac-
tion, car le soir, à sept heures, je vis rôder mes petits Bulimes autour
des rugosités du terrain, et se posant sur la partie antérieure de leur
coquille, la faire tourner de manière à décrire un arc de cercle. Presque
dans l'angle de la caisse se trouvait la racine d'une Belle-de-Nuit qui
s'élevait au-dessus de la surface; un de mes Bulimes s'était mis tout
contre, présentant sa tête dans la concavité de l'angle; alors élevant un
peu la partie postérieure de la coquille, il l'agita en décrivant une courbe
rapide, et, heurtant le tronc de la plante, en fit se détacher les trois
tours vides brusquement et à la fois; ce ne fut pourtant que d'une manière imparfaite, car plusieurs parties du 3me tour adhéraient encore au
4me et formaient des anfractuosités assez semblables à des dents irrégulières. Je ne tardai pas à en voir faire autant aux deux autres qui prirent
pour moyen de brisement l'un une petite pierre et l'autre un morceau
de bois se détachant de la caisse. Je pus m'assurer alors que la cloison

était faite en spirale déprimée vers les bords, convexe vers le centre, et qu'elle fermait hermétiquement toutes les parties du sommet.

Le retrait du corps de l'animal laissant la partie vide privée de substance alimentaire, le têt doit nécessairement arriver à un état de dépérissement complet. L'air comprimé par la cloison inférieure doit aussi donner plus de facilité à la cassure et rendre le têt plus susceptible d'un bris instantané lorsqu'il est frappé contre un corps dur, ce qui me fait penser que la sécheresse et l'air comprimé sont les principaux agents de la rupture.

Le temps étant subitement devenu froid et sec, mes Bulimes jeunes et vieux se cloisonnèrent et restèrent sous terre, entièrement à l'abri de l'air.

Quelque temps après, je soulevai la croûte qui les recouvrait, ayant soin de l'humecter un peu, et je vis tous mes Mollusques fermés par leur épiphragme et conservant l'immobilité des Chrysalides. Je les recouvris alors après m'être assuré que leur position était toujours variable, sans toutefois s'écarter des trois manières précitées.

Pendant tout l'hiver de 1842 à 1843, ils restèrent ainsi inertes dans leur trou ; seulement par une huitaine de jours très doux, deux ou trois sortirent et je vis les autres sans épiphragme, sous la terre qui les recouvrait encore

Aussitôt que la végétation se fit sentir aux petits arbustes de ma terrasse, je m'empressai de lever la croûte de terre durcie au-dessus de mes Bulimes, espérant par ce moyen procurer à mes Mollusques une sortie plus facile, ce qui fut vérifié bientôt, car ils sortirent tous le soir du 5 avril.

Je m'empressai de leur apporter un plant de laitue, et l'avidité qu'ils montrèrent en dévorant tous les parenchymes de cette plante me prouva qu'ils ne revenaient à la surface que lorsque la végétation était assez avancée pour suffire à leur nourriture. Car, resserrés comme ils l'étaient au milieu d'un petit espace, dans un peu de terre végétale enclose elle-même entre quatre planches, l'air ne devait nécessairement les pénétrer que fort tard puisque, comme je l'ai dit plus haut, la caisse était sur un toit borné par quatre murs dont un seul, au couchant, laissait arriver quelques bouffées de Nord-Ouest.

Je crois bien que, libres, ils doivent sortir du sommeil léthargique dans lequel ils sont plongés avant l'époque à laquelle ils se sont montrés chez moi dans des conditions si opposées, surtout obligés de borner leurs mouvements dans un espace très limité.

J'attendais avidement l'instant qui devait me rendre témoin de l'accouplement de ces singuliers Mollusques, et je fixai principalement mon attention sur les vieux, sans perdre les jeunes de vue.

Le 6 avril, à l'entrée de la nuit, je commençai à voir quelques individus quitter leurs trous et s'acheminer presque tous vers le centre de la caisse. Après plusieurs tours très lents, deux couples semblèrent se rapprocher, et au bout d'un instant la position de leur coquille prit une direction tout-à-fait opposée, c'est-à-dire que les deux ouvertures se présentaient en sens inverse, appliquées l'une à l'autre, la base de la columelle se collant au péristome de l'autre, et ainsi pour les deux dont les ouvertures se touchaient, laissant les sommets opposés sur un même plan horizontal.

Plusieurs de mes Bulimes s'accouplèrent le même soir, et le lendemain la majeure partie avait satisfait aux lois de la reproduction des espèces. Le lendemain l'accouplement durait encore pour plusieurs, tandis que d'autres s'étaient déjà enfoncés sous terre.

Mes jeunes Bulimes mangeaient toujours et je pus apercevoir alors que leur spire se dégageait au sommet par la rétraction du corps. Je me hâtai de briser la partie vide et je fus convaincu alors d'un fait que j'avais théoriquement avancé ; c'est que l'animal, en se retirant, cloisonne la partie qu'il doit habiter pour la séparer de celle qu'il quitte, car la spire que j'avais séparée brusquement laissa à jour la partie que l'animal cloisonnait mais qui n'était pas encore terminée. Je vis le corps se rétracter et descendre encore une spire ; un instant après je m'aperçus qu'il suintait par la partie non terminée une liqueur visqueuse qui s'augmenta lentement pendant près d'une heure et demie. Au bout de ce temps la cloison des deux tours abandonnés fut entièrement fermée par cette liqueur qui devint, en peu d'instants de la même dureté que le têt, étant comme lui du carbonate de chaux.

Mes vieux Bulimes ne se montrant plus, je dus diriger mes recherches sur les jeunes et je les suivis dans toutes les phases de leur accroissement.

Alternativement plongés dans la terre et observant leurs jeûnes périodiques, après avoir cassé leur spire deux fois, mes Mollusques m'apprirent que s'ils perdaient au sommet, leur base prenait plus d'ampleur et s'augmentait aussi pour ne point laisser de lacune dans le nombre de tours qu'ils doivent avoir, parvenus à l'état adulte.

On a vu que mes jeunes Bulimes avaient cassé trois spires la première fois, et que la seconde ils n'en avaient cassé que deux ; celui sur lequel

j'avais moi-même opéré l'amputation ne parût nullement incommodé de
cet accident forcé, et se portait aussi bien que ses congénères, dont la
fracture s'était faite de leur propre volonté.

Quelques jours après mes Mollusques brisèrent encore leur coquille,
mais cette fois il y en eut qui ne cassèrent qu'une spire tandis que plusieurs en cassèrent une et demie. La coquille se trouvait en ce moment
très forte à sa base et l'ouverture affectait une forme plus accusée ; ses
spires étaient au nombre de quatre et demie, ce qui laissait mes individus dans le même état qu'après la 2e fracture.

En suivant toutes les gradations de la rupture de la coquille j'en suis
venu à voir son accroissement parfait lorsque les Bulimes l'eurent cassée
cinq fois, pendant lesquelles un tour de spire toujours grossissant graduellement avait été ajouté à la base tandis que le sommet perdait un ou
deux de ses tours. Le ligament qui enroule et fixe l'animal à la columelle
a descendu deux spires de plus, de telle sorte que l'animal se trouve à la
hauteur de la base qui s'élargit à mesure qu'il prend un développement
plus large. Il y a donc un temps de repos entre le brisement du sommet
et l'agrandissement de la base.

Vers la fin du mois de mai mes Bulimes furent tout-à-fait formés, le
dernier tour constituait à lui seul les 3⁄4 de la coquille, le péristome s'é-
tait épaissi et se renversait même un peu vers la base de la columelle.

Ainsi, tout bien considéré, lorsque l'animal sort de l'œuf il a trois spires,
il en ajoute quelquefois dix autres pendant son accroissement, ce qui fait
treize et nous donne la longueur de 51 à 52 milli^m. Il casse sa coquille cinq
fois; à la première les tours primitifs ont été augmentés de six autres qu'il
conserve, tandis que les trois premiers sont brisés. La seconde fracture
est de deux tours et demi, et les trois brisures qui suivent ne sont que
d'une spire chaque fois lorsque la base s'augmente d'une plus ample. Il
a donc perdu trois tours une fois, la deuxième deux et demi, la troisième
un, la quatrième un, et enfin la cinquième encore un ; ce qui fait un total
de huit spires perdues ; sa longueur est alors de 34 millimètres et son
diamètre de 11.

Quand à mes vieux Bulimes ils restèrent sur leurs œufs pendant à peu
près deux mois, durant lesquels ils sortirent rarement de terre, touchant
à peine aux aliments que je leur présentais. Les petits firent leur éclosion vers le 13 juin, j'en comptai un soir jusqu'à 32; ils n'avaient alors
que leurs trois spires. Vers cette même époque mes jeunes Bulimes de
1842 s'accouplèrent, pondirent, et vers le 7 septembre 1843 je vis encore
quelques petits de cette seconde couvée. Mes individus adultes étaient

d'assez belle taille, mais ils étaient loin d'atteindre les proportions colossales du Bulime Tronqué de Bougie, dans nos possessions d'A-frique.

---

4. **B. Aigu.** — **B. Acutus.** *(Brug.)*

Syn. — B. Acutus, *Brug., Drap., Mich., Mill., des Moul., Grat., A. Gras, Noul., Merm.* — H. Acuta, *Mull., Gmel., Dilw.* — Turbo Fas-ciatus, *Penn.* — Bul. Fasciatus, *Turt.*

Animal : grisâtre, pâle ou jaunâtre; tentacules gris en-fumé. S'accouple en mai, juin, juillet et septembre, pond de petits œufs opalins, qui éclosent au bout de 20 jours; les petits sont adultes vers le milieu de la deuxième année.

Coquille : turriculée, coniforme, allongée, aigue, striée, marquée de bandes obliques fauves ou noires, souvent interrompues de taches blanches; couleur de l'épiderme grisâtre; ouverture ovale-arrondie ou presque ronde; péristome simple à bords tranchants; columelle un peu réfléchie; ombilic médiocre; 7 à 9 tours convexes; suture profonde.

Var. A. — Unicolor.

Hauteur : 12–18 milli^m.— Diam. 4–6 milli^m.

Habite : à Lalongue, près Boé, sur des platanes; à St-Pierre-de-Gaubert, à Lamagistère; rare. Commune dans les alluvions de la Garonne.

5. **B. Ventru.** — **B. Ventricosus.** *(Drap.)*

Syn. — B. Ventricosus, *Drap., Payr., A. Gras, Noul., Desh., Turt.* — H. Ventrosa, *Daud.*

Animal : grisâtre ou un peu fauve. (Noulet.)

Coquille : conique, allongée, plus courte et plus renflée que la précédente avec laquelle elle a de grands rapports; ouverture demi-ovale; péristome simple; ombilic médiocre; 6-7 tours de spire; suture marquée; épiderme gris-opaque, entouré en spirale par une bande fauve ou brune transparente, invisible intérieurement.

Hauteur : 11 milli^m. — Diam. 5-6 milli^m.

Habite : les alluvions de la Garonne, le département? rare. —(Je ne l'ai point trouvée avec l'animal.)

6. **B. Brillant. — B. Lubricus.** *(Brug.)*

Syn. — B. Lubricus, *Brug., Drap., Brard., Poir., Mill., des Moul., Noul., Dup.* — H. Sub-Cylindrica, *Linn.*— H. Lubrica, *Mull., Daud.* Turbo glaber, *Dacos.* — B. Achatina lubrica, *Mich., Joba, &.* — La Brillante, *Geoffroy.*

Animal : noir en-dessus, bleuâtre en-dessous; tentacules déliés et assez fortement oculés.

Pond en avril et mai, ses œufs sont déposés à la base des plantes, sur la terre humide, ils sont très-petits et très-ronds, blancs-laiteux et hyalins, réunis par un mucus incolore; leur nombre dépasse rarement 20, éclosent 15 jours après, sont adultes à la fin de l'été.

Coquille : ovale, allongée, lisse, sans épiderme, transparente et brillante; ouverture ovale, entière; péristome bordé d'un bourrelet rougeâtre paraissant à l'extérieur; columelle droite et calleuse recouvrant complètement la fente ombilicale; couleur de corne foncée ou brunâtre; spire composée de six tours convexes; suture marquée; sommet obtus.

Hauteur : 5-6 milli^m. — Diam. 3 milli^m.

Habite : sous l'herbe humide des oseraies des bords de nos grands cours d'eau, la Garonne, le Lot, le Gers, la Baïse, &; très-commune au bas de Rouquet, au Passage, à Lalongue, &, près Agen.— (C'est l'espèce la plus abondante dans les détritus des alluvions de la Garonne.)

OBSERVATION : Notre *Bulimus Lubricus* est bien un Bulime et non une Agatine comme l'ont avancé plusieurs auteurs : son ouverture entière et sans troncature l'en éloignent complètement; quand à l'absence d'épiderme ce caractère ne peut être invoqué sérieusement, le Bulimus Truncatus en étant dépourvu. — Le B. Lubricus relie les Bulimes aux Agatines qui, du reste, ne sont que des Bulimes à columelle tronquée.

GENRE SEPTIÈME.

Agatine. — **Achatina.** *(Lamarck.)*

CARACTÈRES :

Animal : semblable à celui des Bulimes.

Coquille : ovale ou oblongue; ouverture ovale, bord latéral tranchant, non réfléchi; columelle nue, lisse, tronquée à sa base; un épiphragme papyracé. Vivent dans les lieux humides, sous les pierres, les feuilles mortes, &.

ESPÈCE UNIQUE :

A. Aiguillette. — **A. Acicula.** *(Lamarck.)*

Syn.— A. Acicula, *Lamk., Bouil., Mich., A. Gras, Noul., Dup., Merm., Joba.* — Bulimus Acicula, *Drap., Poir., Brard.*—H. Acicula, *Fer., Daud., Sow,* &. — Buccinum terrestre, *Montagu.* — Buc, Acicula, *Dilw.* — L'Aiguillette, *Geoffroy.*

Animal : blanchâtre; tentacules filiformes, non renflés au sommet.

Coquille : très-allongée, blanche et luisante, sans épiderme, transparente à l'état frais, opaque lorsqu'elle a roulé, lisse, sans stries; ouverture ovale-oblongue, tronquée à la base du bord columellaire; péristome simple et tranchant; point d'ombilic; spire de six tours à peine bombés, le dernier plus grand proportionnellement; sommet mamelonné.

Hauteur : 5-7 milli^m. — Diam. 1 1|2 milli^m.

Habite : Saint-Vincent, Thibet, Cambes, aux environs d'Agen; très-abondante dans les alluvions de la Garonne.

—

GENRE HUITIÈME.

Azèque. — Azeca.* *(Leach.)*

CARACTÈRES :

Animal : semblable à celui des Bulimes.

Coquille : fusiforme ou oviforme; ventrue, atténuée à ses deux extrémités, lisse et luisante; tours de spire reliés par une suture à peine visible; ouverture sub-pyriforme, dentée; péristome sub-continu; la dent principale du bord columellaire s'enfonçant en lame semi-élastique dans l'intérieur de la coquille; — vit dans les bois humides, sous les feuilles mortes.

---

* Je dois la traduction du texte anglais du genre *Azeca* à l'obligeance de mon ami l'abbé Dupuy.

ESPÈCE UNIQUE :

A. Tridentée. — A. Tridens. *(Alder.)*

Syn. — A. Tridens *Ald.* — A. Matoni, *Turt.* — Turbo Tridens, *Pult.*—
Achatina Goodallii, *Rossm.* — Pup. Goodallii, *Mich.*, — *Joba.*

Animal : pied blanchâtre, tête et cou grisâtres ; tentacules noirâtres, les supérieurs assez allongés, oculés et mamelonnés à leur sommet ; les inférieurs courts, gros et obtus.

Coquille : dextre, ovale, oblongue, obtuse des deux côtés, ventrue au centre ; lisse, brillante, diaphane, couleur d'écaille claire ; ouverture grimaçante, presque triangulaire ; une dent au bord droit qui est épaissi inférieurement avec un sinus à la partie supérieure ; bord columellaire possédant quatre dents, deux grandes et deux petites ; deux de ces dents s'enfoncent en lames d'un blanc de lait dans l'intérieur de la coquille ; spire de sept tours à peine visibles ; suture presque nulle.

Hauteur : 6-7 milli^m. — Diamètre : 2-3 milli^m.

Habite : les bois humides ; — trouvée une seule fois vivante à Beauregard ; les alluvions de la Garonne ; — rare.

Observation. — Rossmassler a fait une Agatine de cette espèce, malgré l'absence du caractère principal : la troncature de la base de la columelle. Cette coquille a beaucoup de ressemblance avec le *Bulimus Lubricus.*

GENRE NEUVIÈME.

Clausilie. — Clausilia. *(Drap.)*

Animal : corps grêle, tortillon très-allongé, trachée saillante en tube conique et court qui est reçu dans la gouttière de la columelle.

Coquille : sénestre, fusiforme; sommet grêle et obtus; péristome continu; osselet élastique (clausilium) en gouttière, attaché par un pédicule sur la columelle et situé dans l'intérieur de la cavité du dernier tour. Vivant dans les crevasses des arbres, sous les pierres, *(Drap.)* sous les feuilles, les vieux murs.

ESPÈCES :

1. C. Lisse. — C. Bidens. *(Drap.)*

Syn.— Cl. Bidens, *Drap., Mill., Coll.-des-Chcr., Dup., Mich., A. Gras, Brard., Goup., Bouill., Put., Buvig., Joba.*—Bulimus Bidens, *Brug., Poir.* — Turbo Bidens, *Chem.* — Cl. Laminata, *Turt.* — Turbo Laminatus, *Dilw.* — Hel. Derugata, *Fér.*

Animal : grisâtre, ardoisé, transparent, pied grêle; tentacules supérieurs gros et fortement oculés, les inférieurs courts.

Pond dans le tronc des vieux saules une vingtaine d'œufs hyalins, retenus par un léger mucus; les petits sont adultes la 2ᵉ année.

Coquille : sénestre, fusiforme, allongée, un peu ventrue vers le centre ; finement striée en long, luisante, épidermée ; ouverture ovale, anguleuse supérieurement, le bord latéral un peu cintré ; péristome réfléchi, continu, à bourrelet très-blanc et épais ; sur la columelle existe un pli, un autre sur le bord columellaire, et enfin un autre pli ou lame élastique nommée *clausilium* et qui s'enroule dans l'intérieur ; entre cette lame et celle de la columelle se voit un autre pli peu apparent, et un dernier pli part de la base interne et se dirige obliquement de gauche à droite ; point d'ombilic ; spire de dix tours convexes s'amoindrissant vers le sommet qui devient brusquement obtus et un peu mamelonné ; suture médiocre ; couleur fauve luisante ; quelquesfois grisâtre.

Hauteur : 20-22 milli^m. — Diam. 5 milli^m.

Habite : les saules, tout le long de la Garonne ; commune au bas de Rouquet, au Passage, à Lalongue, &.

2. C. Ventrue — C. Ventricosa. *(Drap.)*

Syn. — Cl. Ventricosa, *Drap., Mich., Bouil., Rossm., Noul., A. Gras, Dup., Merm., Joba.* — H. Ventriculosa, *Fér.* — Cl. Biplicata, *Turt.*

Animal : noirâtre ou grisâtre, tacheté sur le cou.

Coquille : sénestre, fusiforme, ventrue, fortement striée en long ; ouverture ovale, entière, anguleuse supérieurement ; péristome continu, réfléchi et blanc ; ombilic recouvert par la saillie du péristome ; la columelle est garnie de deux plis, comme la précédente, et ainsi que le bord latéral qui en possède un autre ; spire de 10-11 tours convexes ;

suture profonde; sommet mamelonné; couleur brun-foncé, avec des reflets dorés.

Var. *A.* — Minor.

Hauteur : 12–15 milli^m. — Diam. 3 1|2 4 milli^m.

Habite : les bois montueux, à Layrac, Estillac, Moirax; rare. La var. *A* : à Laroque-Timbault; rare (M. Debeaux, fils); alluvions de la Garonne; rare.

3. **C. de Rolph**. — **C. Rolphii**. *(Gray.)*

Syn. — Cl. Rolphii, *Gray.*, Med. Repos., *Turton*, Manual of land and Fresh-Water Mollusca, pag. 215. — Cl. Ventricosa, *Drap.*, *Noul., Dup., Grat.*

Animal : noirâtre; tentacules supérieurs déliés et renflés au sommet; pied très-aigu.

Pond de mai à juillet une dizaine d'œufs opalins sous les feuilles mortes.

Coquille : sénestre, ventrue, solide, opaque ou légère-ment miroitante, brun rouge avec des stries régulières élevées et serrées; ouverture ovale rétrécie supérieurement avec 4 ou 5 plis dont deux plus longs; dix tours de spire gradués et renflés au centre; sommet mamelonné et tordu; suture médiocre.

Hauteur : 12–12 1|2 milli^m. — Diam. 3 milli^m.

Habite : sous les feuilles mortes, dans les bois humides et montueux, au levant et au nord, à Dorville, Beaure-gard, Lécussan, Trenquelléon, &; n'est pas commune; rampe à terre, ne s'élève pas sur les plantes.

4. C. Plicatule. — C. Plicatula. *(Drap.)*

Syn. — Cl. Plicatula, *Drap., Héc., des Moul., Rossm., Pfeif., Merm.* —
Cl. Nigricans? *Auct. Angl.* Turbo Nigricans, *Dilw.*

Animal : grisâtre, pied très-aigu postérieurement.

Pond en mai et juin 30-40 œufs opalins, agglomérés, dans le creux des saules, l'éclosion à lieu 20 jours après.

Coquille : sénestre, fusiforme, très allongée, striée longitudinalement d'une manière régulière; de loin en loin à l'insertion des tours sont placées de petites flammules, striées, interrompues, formant des radiations grisâtres tranchant sur le fond brun de l'épiderme; ouverture sub-arrondie, oblique et anguleuse supérieurement; péristome continu, réfléchi, détaché et saillant, blanc ou rosé; quatre plis sur la columelle, quelquefois un cinquième formé par le surbaissement du bord latéral extérieur; ombilic évasé; 12 tours de spire peu saillants; sommet mamelonné; suture médiocre.

Hauteur : 14 milli^m. — Diamètre : 2 1|2 milli^m.

Habite : les vieux saules, dans les oseraies des bords de la Garonne, à Rouquet, le Passage, Saint-Hilaire, Riols, Lalongue, &., très-commune.

5. C. Rugueuse. — C. Rugosa. *(Drap.)*

Syn. — Cl. Rugosa, *Drap., Mill., Noul., Bouill., Dup., Grat., A. Gras, des Moul., Merm., Joba.*— Cl. Perversa, *Pfeif.*—Bulimus perversus, *Brug.* — H. Perversa, *Daud.* — Turbo perversus, *Penn.* — La non Pareille, *Geoffroy.*

Animal : presque noir, très grêle; œufs très-petits, opalins, déposés sous les pierres, au nombre de 15-20.

Coquille : sénestre, fusiforme, allongée, un peu ventrue; stries fortes et longitudinales; marquée vers la partie
supérieure de la suture par des stries plus fortes, courtes
et formant de petits points miroitants; ouverture ovale, rétrécie supérieurement; péristome continu, saillant, réfléchi
et blanc; deux plis sur la columelle; 12-13 tours de spire
peu convexes; suture peu marquée; couleur brun, doré,
miroitant.

Hauteur : 15 milli^m. — Diamètre : 2 1|2 milli^m.

Habite : les rochers, les vieux murs de terrasses, dans les
rochers, les vignes, les troncs des vieux saules, à Cambes,
Charpau, Tournon, Viane, Damazan, &.; très-commune.

6. G. Naine. — G. Parvula. *(Mich.)*

Syn. — Cl. Parvula, *Mich., Sturm, Dup., A. Gras, Goup., Merm., Joba.*

Animal : noirâtre en dessus, enfumé en dessous; tentacules très petits et gros, les inférieurs peu apparents.

Pond dans les interstices des vieilles murailles ou des
rochers; ses œufs sont fort petits et éclosent dans les premiers quinze jours.

Coquille : sénestre, fusiforme, petite et très gracieuse;
luisante, couleur d'écaille transparente; striée très finement; ouverture ovale renflée au bord latéral et terminée
supérieurement par un angle très rétréci; quatre dents,
deux placées sur la columelle et les deux autres à la base
du bord inférieur; péristome continu, réfléchi, très détaché et saillant; bourrelet blanc, éminence dorsale très

proéminente ; neuf tours peu arrondis, suture médiocre, sommet mamelonné.

Hauteur : 6-10 milli^m. — Diamètre : 1 1|2 milli^m.

Habite : les vieux murs de ville à Agen, les rochers, à Saint-Vincent, Pompéjac, Bellevue, &. ; à Tournon sous les rochers de la ville, à Saint-Julien-de-Fargues ; — très commune.

OBSERVATION. — Cette espèce varie peu pour la taille ; elle a de grandes ressemblances avec la *C. rugosa*; elle s'en éloigne par ses stries, presque nulles par le nombre de ses plis à l'ouverture et par la saillie beaucoup plus forte de son péristome ; la couleur du têt est aussi plus transparente.

—

GENRE DIXIÈME.

Maillot. — Pupa. *(Lamk.)*

CARACTÈRES :

Animal : semblable à celui des Hélices et Clausilies ; les tentacules plus gros et plus courts ; les inférieurs surtout sont à peine visibles.

Coquille : dextre ou sénestre selon les espèces ; cylindracée fusiforme ou conique, pupiforme, épaisse ; sommet obtus, ouverture demi-ovale, dentée ou plissée, ordinairement droite, sub-anguleuse inférieurement.

Même habitat que les Clausilies.

ESPÈCES :

A. Coquille Ovale, Cylindrique, Obtuse et Dextre.

1. M. Bordé. — P. Marginata. *(Drap.)*

Syn.—P. Marginata, *Drap., Brard., Mill., Alt., Turt., des Moul., Grat., Bouil., Rossm., Noul., A. Gras, Merm., Joba.*—Bul, Muscorum, *Poir.* Le petit Barillet, *Geoffroy.*

Animal : pâle, tête et tentacules bleuâtres.

Coquille : dextre, petite, solide, ovale, cylindrique, obtuse, mamelonnée au sommet; ouverture semi-lunaire, arrondie inférieurement; columelle munie d'une lame ou pli blanc; péristome garni de blanc, réfléchi et très visible en dessus; ombilic assez ouvert; six tours de spire presque égaux, le dernier à peine plus grand; suture profonde; couleur brunâtre, transparente.

Hauteur : 3 1|2 milli^m.—Diamètre : 1 1|2 milli^m.

Habite : sur les vieux murs de la ville à Agen; chez M. Ducos, rue Porte-Neuve; aux cimetières Ste-Foy et St-Hilaire; commune dans les mousses, sous les pierrailles à Tournon, Péricard, &.;—très commune dans les alluvions de la Garonne.

2. M. Ombiliqué. — P. Umbilicata. *(Drap.)*

Syn — P. Umbilicata, *Drap., Mill., des Moul., Goup., Merm.* — Bulimus muscorum, *Brug.* — H. Umbilicata, *Daud.*

Animal : chagriné, presque noir en dessus, plus pâle en dessous.

Pond en avril, mai et juin; ses œufs, au nombre de 15

à 20, sont extrêmement petits et dispersés sous les feuilles mortes ou sous les débris calcaires.

Coquille : dextre, plus grande que la précédente, ombiliquée plus fortement ; s'en distingue aussi par son péristome peu réfléchi, non bordé, et surtout par l'absence de bourrelet extérieur ; ouverture demi-ovale ou semi-lunaire, arrondie inférieurement ; péristome blanc réfléchi ; une dent ou lame sur la columelle ; ombilic évasé et profond, sept tours convexes presque égaux, sommet mamelonné ; suture médiocre.

Hauteur : 4 milli^m. — Diamètre : 2 1|2 milli^m.

Habite : à Agen sur les vieux murs de ville, sous le ciment et les détritus calcaires ; commune rue Lacépède ; aux cimetières ; à Saint-Vincent, Sabioy-Sagut ; à Saint-Amans dans la garenne ; — à Tournon, Thézac, Beauville, &. ; — à Nérac ; à Saint-Julien-de-Fargues ; à Sos, &., &. ; — très commune partout.

3. M. Barillet. — P. Doliolum. *(Drap.)*

Syn. — P. Doliolum, *Drap.*, *A. Gras*, *Joba*, &. — Bulimus doliolum, *Brug.* — Hel. doliolum, *Fér.* — Le grand Barillet, *Geoffroy.*

Animal : grisâtre, transparent.

Coquille : dextre, cylindrique, obtuse à la base et au sommet qui est fortement mamelonné ; ouverture ovale, oblique ; péristome réfléchi, blanchâtre ; un pli très apparent au milieu de la columelle[*] ; stries obliques assez for-

---

[*] L'espèce de Draparnaud porte deux plis peu apparents ; la nôtre serait-elle une variété ?

tes; ombilic à peine visible; spire de 8-9 tours acuminés vers la base, renflés au sommet; suture médiocre et paraissant crénelée par la rupture des stries.

Hauteur : 5-6 milli^m. — Diamètre : 3 milli^m.

Habite : Puymirol, dans les bois, rare; — à Saint-Julien-de-Fargues, rare; — les alluvions de la Garonne, assez commune.

B. Coquille Oblongue, Cylindrique et un peu Conique.

4. M. Grain. — P. Granum. *(Drap.)*

Syn. — P. Granum, *Drap., Noul., Dup., Bouill., Desh., Rossm., Merm.,*
A. Gras. — Hel. granum, *Daud.*

Animal : noir, tentacules supérieurs déliés, oculés au sommet, les inférieurs courts; pied linguiforme; élevant sa coquille assez haut du sol sur lequel il rampe.

Coquille : dextre, fusiforme, conico-cylindrique, sommet mamelonné; ouverture ovale, plus haute que large; une dent au milieu de la columelle; intérieur garni de cinq plis très enfoncés et visibles à la loupe*; péristome blanchâtre, peu épais, saillant et fortement ombiliqué; couleur de corne brune, foncée et terne; 7-8 tours convexes; suture très marquée, striée obliquement.

_____

* Les plis de l'intérieur sont produits par des dépressions de l'éminence dorsale et sont très visibles en dehors.

Hauteur : 4-5 milli". — Diamètre : 1 1 1⁄2 milli".

Habite : les rochers arides exposés au Sud, près Agen ;
au Grézel, à Montbran, Estillac, Moirax, & ; — à Tournon, Péricard, Libos, &. ; — à Nicole, Marmande, &. ; —
les alluvions du Lot et de la Garonne ; — commune.

5. **M. Avoine**. — **P. Avena**. *(Drap.)*

Syn. — P. Avena, *Drap.*, *Brard.*, *Merm.*, *Joba*, &. — Hel. Avena,
Daud. — Bulimus Avenaceus, *Brug.*, *Poir.* — Chondrus Avenaceus,
Guér.—Turbo Junipieri, *Montf.*, *Dilw.*—Turbo multidentatus, *Oliv.*
— Le Grain d'avoine, *Geoffroy.*

Animal : presque noir, dessous gris enfumé, tentacules
déliés.

Coquille : dextre, fusiforme, conique, allongée ; ouverture demi-ovale avec deux plis sur la columelle ; deux sur
le bord columellaire et les autres à l'intérieur (ces plis ne
sont guère visibles à l'œil nu) ; péristome blanchâtre, réfléchi ; ombilic médiocrement ouvert ; 7-8 tours acuminés
au sommet ; suture marquée ; stries assez fortes ; couleur
brun-violet presque noir.

Hauteur : 7 milli". — Diamètre : 2 milli".

Habite : le Haut-Agenais, à Tournon, Thézac, Péricard,
Beauville, Monsempron, & ;—très abondante sous les pierres
et surtout aux murailles sèches qui enclosent les propriétés.

6. **M. Variable**. — **P. Variabilis**. *(Drap.)*

Syn. — P. Variabilis, *Drap.* — Hel. Mutabilis, *Daud.*

Animal : pâle, grisâtre ; tentacules supérieurs longs,
les inférieurs courts.

Coquille : dextre, oblongue, quelquefois oviforme;
striée; ouverture demi-ovale avec 5-6 petites lames ou
plis dont deux inférieurs et quatre supérieurs; péristome
réfléchi épais et blanc; ombilic oblique; 9-10 tours convexes, acuminés au sommet, laissant la base plus large;
suture marquée, couleur de corne brune luisante.

Hauteur : 7-14 milli^m. — Diamètre : 3-4 milli^m.

Habite : les alluvions de la Garonne; — rare.

OBSERVATION. — Cette espèce varie beaucoup pour la taille et par le
nombre de plis de l'ouverture.

7. **M. Seigle.** — **P. Secale.** *(Drap.)*

Syn. — P. Secale, *Drap., Desh., Lamk., Rossm., des Moul., Noul., A.
Gras, Dup., Merm., Joba.*— Hel. Secale, *Daud.*

Animal : brunâtre, clair ou grisâtre.

Coquille : dextre, cylindracée, acuminée vers le sommet, striée; ouverture ovale, ornée de 7 à 8 plis assez
visibles; bord marginal réfléchi, fauve; ombilic visible et
profond, suture médiocre; 10 tours peu convexes, sommet mamelonné; couleur de corne brune un peu luisante.

Hauteur : 7 milli^m. — Diamètre : 2-3 milli^m.

Habite : les alluvions du Gers et de la Garonne; rare.

8. **M. Grimace.** — **P. Ringens.** *(Mich.)*

Syn. — P. Ringens, *Mich., Merm.*

Animal : grisâtre.

Coquille : dextre, cylindracée, un peu ventrue; ouverture semi-lunaire, rétrécie, garnie de six plis très visibles;

péristome fauve, réfléchi; ombilic peu apparent; 8 tours de spire gradués et peu striés; suture peu marquée; couleur de corne fauve ou grisâtre.

Hauteur : 8 milli^m. — Diamètre : 2, 2 3|4 milli^m.

Habite : les alluvions du Gers et de la Garonne; — rare.

9. M. des Pyrénées. — P. Pyrenœaria. *(Mich.)*

Syn. — P. Pyrenœaria, *Mich., Merm., Grat.*

Animal : inconnu.

Coquille : dextre, allongée, presque cylindrique, finement striée; sommet obtus; ouverture rétrécie, ovale, garnie de six plis dont un sur la columelle, très saillant; péristome réfléchi et blanchâtre, ombilic assez ouvert; 9-10 tours un peu convexes; suture marquée.

Hauteur : 10 milli^m. — Diamètre : 3 milli^m.

Habite : les alluvions du Gers et de la Garonne; — rare.

10. M. Polyodonte. — P. Polyondon. *(Drap.)*

Syn. — P. Polyodon, *Drap., A. Gras.*— Hel. Polyodon, *Daud.*

Animal : inconnu.

Coquille : dextre, allongée, finement striée; couleur de corne brune, transparente; ouverture demi-ovale, garnie de 10-12 plis qui semblent en fermer l'entrée; on en voit facilement trois sur le bord latéral et quatre sur la columelle, tandis que les autres sont très enfoncés dans l'ouverture; péristome blanchâtre, épais et réfléchi; ombilic recouvert par la dépression de l'éminence dorsale; 9-10

tours acuminés vers le sommet qui est mamelonné; moindre; suture médiocre.

Hauteur : 9 milli^m. — Diamètre : 2 1[2–3 milli^m.

Habite : les alluvions; — rare.

11. M. Tridenté. — P. Tridens. *(Drap.)*

Syn. — P. Tridens, *Drap., Brard., des Moul., Desh., Bouil., Rossm.,
A. Gras, Joba.* — Hel. Tridens, *Daud., Mull.* — Turbo Tridens,
Gmel.

Animal : brunâtre, gélatineux; tentacules bleuâtres.

Coquille : dextre, la plus grande du genre, oviforme
allongée, ventrue, très finement striée, couleur de corne
brune miroitant à l'état frais, grisâtre après avoir roulé;
ouverture demi-ovale, ornée de trois plis très visibles dont
deux sur la columelle et l'autre sur le bord latéral; péristome réfléchi, très épais et blanc; fente ombilicale oblique;
7–8 tours de spire acuminés, sommet peu mamelonné;
suture médiocre.

Hauteur : 12–15 milli^m. — Diamètre : 5-6 milli^m.

Habite : Saint-Julien-de-Fargues, dans les haies, sur
un sol calcaire; — commune*.

* J'ai trouvé dans les alluvions de la Garonne deux espèces des Pyrénées-Orientales : ce sont les *P. Cylindrica* et *P. Clausiformis*. Les
ayant reçues de Perpignan sans nom d'auteur, et ne les ayant trouvées
qu'une ou deux fois, je me contente de les indiquer.

C. COQUILLE SÉNESTRE.

12. M. Quadridenté. — P. Quadridens. *(Drap.)*

Syn. — P. Quadridens, *Drap., Grat., des Moul., Noul., A. Gras*, &. — Bul. Quadridens, *Brug.* — Hel. Quadridens, *Daud., Mull.* — Turbo Quadridens, *Gmel.*

Animal : blanchâtre, transparent ; tentacules supérieurs longs, les inférieurs courts et obtus.

Coquille : sénestre, ovale-oblongue, finement striée ; ouverture demi-ovale, garnie de quatre dents blanches très apparentes et fortes ; une seule de ces dents est placée sur la columelle ; péristome réfléchi, épais et blanc ; fente ombilicale oblongue, spire de neuf tours acuminés au sommet qui est mamelonné ; couleur de corne grisâtre.

Var. A. — Minor.

Hauteur : 8-10 milli^m. — Diam. 3-4 milli^m.

Habite : le Haut-Agenais, dans les débris calcaires, à Monsempron dans une vigne rocailleuse, à Fumel, à Libos, &. ; — les alluvions de la Garonne, du Lot, de la Scoüne ; assez commune.

13. M. Fragile. — P. Fragilis. *(Drap.)*

Syn. — P. Fragilis, *Drap., A. Gras, Goup., Joba, Merm.*, &. — Balea Fragilis, *Gray., Turt.* — Hel. Perversus, *Daud.* — Turbo Perversus, *Linn.* — Bul. Perversus, *Poir.* — Turbo Nigricans, *Dilw.* — La non Pareille, *Geoffroy.*

Animal : gris enfumé, à pied long et acuminé, comme celui des Clausilies.

Coquille : sénestre, fusiforme, grêle, mince, de couleur

de corne transparente, striée ; ouverture demi-ovale, régulière, un peu sinueuse ; péristome simple, marqué intérieurement d'une zone blanc-jaunâtre, quelquefois une dent courte sur la columelle ; fente ombilicale oblique ; 9-10 tours de spire très effilés vers le sommet qui devient brusquement mamelonné ; suture assez profonde.

Hauteur : 8 milli^m. — Diamètre : 2 milli^m.

Habite : les vieux murs, à Agen ; commune sur le mur du jardin de M. Ducos, dans la rue Porte-Neuve ; les alluvions de la Garonne ; — rare*.

—

GENRE ONZIÈME.

Vertigo. — **Vertigo**. *(Muller.)*

CARACTÈRES :

Animal : allongé, demi-cylindrique, ayant un tortillon assez grand et un collier fermant la coquille ; deux tentacules seulement, longs, obconiques, rétractiles, arrondis à leur extrémité ; l'orifice de la cavité pulmonaire sur le collier et à droite, avoisiné par celui de l'anus ; organes de la génération réunis et montrant leur orifice près du tentacule droit.

---

* Cette coquille a le port de la *Cl. Plicatula* non adulte. M. Leach, se fondant sur quelques différences avec les *Pupa* proprement dits, en a fait le genre *Balœa*, auquel notre espèce sert de type.

Coquille : cylindrique , très spirale ; volute croissant lentement ; cône spiral incomplet ; ouverture droite dans la direction de l'axe , courte , souvent dentée ; péristome souvent sinueux et réfléchi ; dextres ou sénestres.

ESPÈCES :

1. **V. Pygmée. — V. Pygmœa**. *(Fér.)*

Syn. — V. Pygmœa, *Fér., Mich., Wagn., Goup., Merm., Joba,* — Pup. Pygmœa, *Drap., Mill.,* &.

Animal : brunâtre, très gélatineux.

Coquille : dextre, très petite, ovale-conique, obtuse et mamelonnée ; ouverture sub-arrondie, dentée ; péristome blanc, réfléchi ; quatre plis visibles à la loupe : un est placé sur le bord columellaire, un au bord supérieur et deux à l'inférieur ; il en existe quelquefois un autre vers la base de l'ouverture ; ombilic presque recouvert par la callosité columellaire ; cinq tours de spire acuminés vers le sommet ; couleur brune, luisante.

Hauteur : 2 1|2 milli^m. — Diam. 1 milli^m.

Habite : sous les mousses et les pierres humides ; à Lacassagne, à Dorville, Vérone, Beauregard, &. ; rare ou difficile à trouver ; abondante dans les alluvions de la Garonne.

2. **V. des Mousses. — V. Muscorum**. *(Mich.)*

Syn.—V. Muscorum, *Mich., A. Gras, Merm., Joba.* — Pup. Muscorum, *Drap., Noul., Dup.,* &. — P. Minutissima, *Hartmann.*

Animal : grisâtre en dessus, plus pâle en dessous.

Coquille : dextre, exactement cylindrique, très petite, obtuse au sommet, stries visibles à la loupe; ouverture demi–ovale avec un ou deux plis; péristome réfléchi, blanchâtre; ombilic oblique; spire de sept tours égaux et très élégants; suture marquée; couleur d'écaille brune transparente.

Hauteur : 2 milli^m. — Diamètre : 1 milli^m. au plus.

Habite : sous les détritus des plantes en décomposition, dans les bois humides, au pied des chênes, au pied des aubiers dans les oseraies, à Beauregard, Lécussan, Lalongue, le Passage, Rouquet, Saint-Julien-de-Fargues, &; les alluvions de la Garonne; — commune.

Troisième Famille :

LES AURICULACÉS. *(Blainv.)*—LES AURICULES. *(Fér.)*

GENRE DOUZIÈME.

Carychie. — Carychium. *(Muller.)*

Syn. — Auricula, *Lamk.*, *Drap.*, &.

CARACTÈRES :

Animal : semblable à celui des Hélices, s'en distinguant par l'absence des deux tentacules inférieurs, (comme les Vertigos); les deux supérieurs rétractiles, cylindriques, arrondis, sans renflement au sommet ; yeux situés derrière les tentacules, près de leur base, sur la tête. *(Fér.)*

Coquille : ovale, oblongue ou cylindrique ; ouverture entière, droite, courte, avec ou sans dents ; cône spiral, incomplet ; quatre à six tours ; point d'opercule *(Grat.)* ; terrestres, vivant sous les feuilles humides, les mousses, &.

ESPÈCE UNIQUE :

C. Pygmée. — C. Minimum. *(Muller.)*

Syn. — C. Minimum, *Mull., Fér., Mich., Merm., Noul., Joba, A. Gras, Goup., Dup.* Rang., *Grat.* — Auricula Minima, *Drap.* — Bulimus Minimus, *Brug.* — Hel. Carychium, *Gmel.* Alt. — Turbo Carychium, *Dilw.*

Animal : jaune pâle, un peu soufré vers les parties saillantes des tentacules et du pied.

Coquille : dextre, très-petite, blanche, lisse et luisante, oblongue, un peu ventrue vers la base ; ouverture ovale un peu coudée au bord latéral ; trois dents dont une sur la columelle, une sur le bord latéral, et la troisième sur le bord columellaire ; cette dernière est souvent peu visible, même à la loupe ; péristome blanc, réfléchi et assez épais ; cinq tours de spire très-convexes ; suture profonde.

Hauteur : 2 milli^m. — Diam. 1 milli^m.

Habite : les bois humides, sous les pierres et les feuilles mortes, à Dorville, Saint-Vincent, Saint-Pierre-de-Gaubert, &., les alluvions ; très-commune.

PULMONÉS OPERCULÉS. *(Férussac.)*

GENRE TREIZIÈME.

Premier Sous-Genre.

A. Spire courte ou médiocre.

Cyclostome. — Cyclostoma. *(Lamk.)*

CARACTÈRES :

Animal : trachélipode très spiral, sans collier ni cuirasse ; tête proboscidiforme ou en trompe ; deux tentacules cylindriques, rétractiles, renflés à l'extrêmité, oculés à leur base externe ; pied petit placé sous le col ; cavité cervicale largement ouverte au-dessus de la tête, ayant sur ses parois un réseau vasculaire branchial*, et à droite l'anus et les organes de la génération. Il y a des individus mâles et des individus femelles. *(Desh.)*

Coquille : turbinée, ovale ou allongée ; à spire médiocre ;

---

* J'avais observé ce fait avant de connaître l'opinion de **M. Deshayes**, et l'avais communiqué à cette époque à mon ami **A. Laboulbène**. Je pensais que la ressemblance des Cyclostomes avec les Littorines et les Turbos devait venir de quelque analogie éloignée et que, peut-être, ces premiers avaient vécu autrefois dans un milieu liquide qui leur ayant manqué leur aurait fait subir des modifications importantes, étant obligés de respirer l'air en nature. Je voulus expérimenter ce fait en gardant des Littorines et des Turbos vivants que je reçus de la Tremblade ; je les mis dans une caisse remplie de terre et recouverte avec une gaze métallique. J'ai pu les conserver ainsi pendant cinq mois en les tenant humides et leur donnant des feuilles de plantes. J'observais qu'ils s'enfonçaient dans la terre de la même manière que les Cyclostomes.

les tours arrondis; ouverture ronde, entière, les bords
réunis circulairement ; péristome continu ; opercule calcaire,
sub-centrique, spiral. Terrestres, vivant à toutes les altitudes et à toutes les expositions.

ESPÈCE UNIQUE :

C. Elégant. — C. Elegans. *(Drap.)*

Syn.—C. Elegans, *Drap.*, *Fér.*, *Grat.*, *des Moul.*, *Noul.*, *Mich.*, *Rossm.*,
Goup., *Put.*, *Buvig.*, *Merm.*, *Joba*, *Dup.*, *A. Gras*, *Maud.*, &.—Turbo
Elegans, *Poir.* — Turbo Striatus, *Dacos.* — Turbo Reflexus, *Olivi.* —
Nerita Elegans, *Schr.*

Animal : noirâtre, chagriné, dessous noir verdâtre.

Coquille : ovale, conique, solide, fortement striée dans
le sens spiral, striée moins fortement en long ; ces stries en
se croisant forment un réseau ; ouverture obliquée presque
ronde formant un angle obtus à la naissance de la columelle ; péristome simple à bords tranchants et continus ;
ombilic oblique et profond ; cinq tours très convexes dont
le dernier très éloigné de l'axe est beaucoup plus grand que
les autres qui vont toujours s'amoindrissant ; sommet obtus ;
suture profonde. Couleur variant du gris-blanc au violet-
foncé ; fasciée de flammules blanches interrompues ; opercule calcaire enfoncé un peu dans l'ouverture ; spires de
trois tours à trois tours et demi ; couleur grisâtre en-dessous,
cornée en dessous ; le muscle adducteur s'attache dans la
partie concave du dessous.

Var. A. — Type : grisâtre, entouré de flammules vineuses interrompues et lactées.

Var. *B.* — Albina.

Var. *C.* — Luteola.

Var. *D.* — Violacea.[*]

Hauteur : 12-18 milli^m. — Diamètre : 10-14 milli^m.

Habite : les vignes, les chemins, les champs, les bois, partout, et dans tout le département. La var. violette, sur les coteaux de Pécau, Bon-Encontre, Sainte-Radegonde; à Nérac, dans la Garenne (M. Dubor); à Trenquel-léon, &.

Deuxième Sous-Genre.

B. Spire allongée.

Pomatias. — Pomatias. *(Studer.)*

CARACTÈRES :

Animal : à tortillon plus allongé que le précédent.

Coquille : turriculée, conique; ouverture arrondie, mais un peu échancrée à la base de la columelle; opercule corné, aplati, à peine spiral.

---

[*] **M. P. *de Reyniès*** qui, le premier, a signalé cette variété sur le coteau de Bon-Encontre, est porté à croire qu'elle pourrait être le C. Violaceum, de *Menke*, *Ch. des Moulins*, &.; la couleur de la coquille est le violet foncé à travers lequel paraissent les intestins de l'animal d'un beau rouge de sang; cette variété est habituellement moins striée que les autres.

ESPÈCES :

1. **P. Pointillé**. — **P. Maculatum**. *(Porro.)*

Syn. — P. Maculatum, *Porro.* — P. Studeri, var. B, *Hartm.*— Cyclos. Maculatum, *Drap.* — C. Maculata, *Desh.*

Animal : gris-noirâtre; tentacules subulés.

Coquille : conique, allongée, assez fortement striée en long; ouverture arrondie avec l'angle très peu sensible; péristome presque continu, réfléchi, avec un bourrelet blanc très épais; ombilic très oblique et peu apparent; sept tours de spire convexes acuminés progressivement; suture profonde, sommet obtus; couleur brunâtre, pointillée dans le sens spiral par deux rangées de taches rougeâtres; opercule corné, clair, mince, à deux tours de spire concentriques.

Hauteur : 8 milli^m. — Diam. 3-4 milli^m.

Habite : Lécussan, dans les bois; rare. — A Tournon, Thézac, &.; dans le Haut-Agenais, dans les Landes; assez commune.

2. **P. Obscur**. — **P. Obscurum**. *(Rossm.)*

Syn. — P. Obscurum, *Rossm.* — Cycl. Obscurum, *Drap.*

Animal : semblable au précédent.

Coquille : conique, allongée, striée en long; ouverture presque ronde; péristome sub-continu, disjoint à la partie supérieure de la columelle; bourrelet blanc très évasé et plane; fente ombilicale à peine visible; 8-9 tours convexes acuminés progressivement; suture profonde, sommet mamelonné; couleur de corne brune opaque, quelques linéoles fauves; opercule corné, clair, spiral.

Hauteur : 10-12 milli^m. — Diam. 6-7 milli^m.

Habite : les coteaux montueux, dans les bois, à l'Est; à Layrac, Pé-Joli, Lécussan, rare; — les alluvions de la Garonne; rare.

———

GENRE QUATORZIÈME.

Acmée. — Acme. *(Hartmann.)*

Syn. — Carychium, *Mull.* — Auricula, *Lamk., Drap.*

CARACTÈRES :

Animal : voisin de celui des Cyclostomes; effilé, muni de deux tentacules coniques, contractiles avec deux lignes en croissant à la base; derrière ces deux lignes se trouvent les deux yeux qui sont sessiles; le mufle est avancé comme dans les Cyclostomes; l'animal est muni d'un opercule très mince et diaphane, à peine visible.

Coquille : sub-cylindrique, luisante, lisse ou striée, à ouverture semi-ovale simple et sans dents; le bord extérieur est lisse, épaissi et non continu.

ESPÈCE UNIQUE :

A. Verdâtre. — A. Fusca. *(Brown.)*

Syn. — A. Fusca, *Brown, Turton.* — A. Lineata, *Pfeiff.* — Auricula Lineata, *Drap., Lamk.* — Carych. Lineatum, *Mull., Mich., A. Gras,* &.

Animal : brunâtre; tentacules longs, oculés à leur base postérieure.

Coquille : cylindrique, un peu acuminée au sommet qui est presque obtus; lisse, brillante, couleur brune; ouverture petite, ovale, oblique, dépourvue de dents; péristome bordé, brun rougeâtre; ombilic assez profond; 5-6 tours convexes, suture profonde; opercule corné très mince.

Hauteur : 3 milli^m. — Diam. 1 milli^m.

Habite : à Lécussan, sous les mousses; au Nord; très rare. (Indiquée à Beauville par M. O. Debeaux, fils); rare.

—

TRACHÉLIPODES AQUATIQUES.

PULMONÉS AQUATIQUES. *(Cuvier.)*

Trachélipodes Nageurs.

Quatrième Famille :

Limnéens. *(Lam.)* **Limnostrea.** *(Fér.)* **Limnacés.** *(Blain.)*

Trachelipodes amphibiens vivant dans l'eau douce, mais respirant à la surface; corps allongé, distinct du pied et contourné en spirale; cuirasse nulle, un collier autour du cou, formé par le bord du manteau; deux tentacules contractiles, oculés à leur base et non au sommet; cavité respiratoire sur le collier; sexes séparés.

Coquille : enroulée, discoïde ou turbinée, mince; bord latéral presque toujours tranchant.

GENRE QUINZIÈME.

Planorbe. — Planorbis. *(Brug.)*

Animal : enroulé, grêle, tête munie de deux tentacules

contractiles, sétacés, fort longs et oculés à leur base interne; bouche munie d'une dent en croissant, et inférieurement d'une masse linguale armée de petits crochets, surmontée d'une sorte de voile court et échancré; pied ovale et assez court; orifice de la respiration à gauche, sur le collier et avoisiné par celui de l'anus; organes de la génération séparés de ce même côté : celui de l'organe mâle près du tentacule et celui des œufs à la base du collier.

Coquille : assez mince; dextre*, fortement enroulée dans le même plan; concave des deux côtés, à bord tranchant et interrompu par la convexité du tour qui précède.

ESPÈCES :

A. COQUILLE SANS CARÈNE.

1. P. Entortillé. — P. Contortus. *(Muller.)*

Syn. — P. Contortus, *Mull., Drap., des Moul., Grat., Rossm., Merm., Joba, Buv., Put., Goup., A. Gras, &.* — Hel. Contorta, *Linn., All.* — Le Petit Planorbe à six spirales rondes, *Geoffroy.*

Animal : brun sur les bords, noirâtre sur le corps.

Coquille : presque ronde, le dernier tour seul l'empêchant de l'être entièrement; ouverture arrondie, semi-

---

* J'ai été obligé de changer, dans la phrase de M. Rang, le mot *sénestre* qu'il avait imposé au genre Planorbe; il est démontré aujourd'hui pour tout le monde que ces coquilles sont *dextres.* M. Ch. des Moulins, dans un Mémoire inséré dans les actes de la Société Linnéenne de Bordeaux, tom. 4, pag. 273, a parfaitement tranché cette question.

lunaire ; péristome simple ou légèrement bordé de jaune pâle ; six tours peu convexes en dessus, fortement en dessous ; suture marquée, ombilic évasé et profond, laissant voir le sommet ; couleur brunâtre, transparente lorsqu'elle est nettoyée, encroûtée de noir à l'état normal.

Hauteur : 2 milli^m. — Diam. 3-5 1|2 milli^m.

Habite : les eaux vives des marais de Goulard, Brax et Sérignac, près Agen ; — commune.

2. **P. Corné**. — **P. Corneus**. *(Drap.)*

Syn. — P. Corneus, *Drap., Mill., Brard!, Noul., A. Gras, Dup., Goup., Joba, &.* — Hel. Cornea, *Linn., Oliv., Burrow.* — Plan. Purpura, *Muller.* — P. Cornea, *encycl.* — Cornu-Arietis, *Dacos.* — JUNIOR, P. Similis, *Kikcx.* — P. Similis, *Mull.* — Le Grand Planorbe, *Geoffroy.*

Animal : noir sur le corps, plus pâle vers les bords du pied et du manteau ; pied très court et obtus, tentacules longs, gris sale* ; rampe la coquille très élevée.

Coquille : la plus grande du genre, renflée, striée dans le sens des accroissements ; ouverture arrondie, échancrée par l'avant-dernier tour ; le bord latéral plus avancé que le columellaire ; péristome tranchant avec un léger bourrelet bleuâtre ; cinq tours arrondis, suture profonde, dessus presque plane, le dernier tour seul s'élevant un peu ; dessous fortement ombiliqué, laissant voir le sommet**.

---

* Lorsque ce Mollusque est tourmenté, il secrète une liqueur baveuse de couleur orange.

** C'est cette disposition de l'ombilic dans la partie inférieure de la coquille qui l'a faite passer pour *sénestre* aux yeux de MM. Cuvier et Brard.

Hauteur : 9 milli^m. — Diam. 25-26 milli^m.

Habite : les marais de Lalongue; très commune.(Indiquée à Buzet et au Port-Sainte-Marie par M. Bessières.)

3. **P. Spirorbe.** — **P. Spirorbis.** *(Mull.)*

Syn. — P. Spirorbis, *Mull.* — Pl. Vortex, var B. *Drap.* — Hel. Spirorbis, *Linn.*

Animal : noirâtre, gris enfumé en dessous, tentacules roux.

Coquille : discoïde, arrondie, striée; cinq tours de spire allant en augmentant vers l'ouverture qui est plus large que haute, avec le bord latéral plus avancé que le columellaire; péristome blanchâtre garni d'un léger bourrelet intérieur; bords tranchants, suture marquée, ombilic apparent; couleur de corne brune, pâle vers les bords, encroûtée et érodée sur l'épiderme.

Hauteur : 1 1|2 milli^m. — Diam. 7 milli^m.

Habite : les fontaines ferrugineuses des environs d'Agen; à Ségougnac, Moirax, Beauregard; assez commune; à Sauvagnas (M. Debeaux, fils).

4. **P. Blanc.** — **P. Albus.** *(Muller.)*

Syn. — P. Albus, *Mull., Dup.*— Hel. Alba, *Gmel.* — P. Villosus, *Poir.* — P. Hispidus, *Drap., Mill., Grat., des Moul., Merm., Joba, Goup.,* &.

Animal : grisâtre.

Coquille : discoïde, presque plate, striée obliquement; ouverture ovale, anguleuse sur l'avant-dernier tour; péristome simple et tranchant; bord latéral beaucoup plus

avancé que le columellaire ; quatre tours à peine arrondis ;
carène médiocre, mousse ; ombilic plus profond en dessous
qu'en dessus ; suture marquée.

Observation. — Le têt est recouvert d'un épiderme verdâtre plus ou
moins foncé sur lequel adhèrent de petites lames coniques, recourbées,
soyeuses, qui tombent aussitôt que la coquille a atteint son entier développement, car les individus adultes en sont dépourvus.

Hauteur : 1 1|2 milli^m. — Diamètre : 3-4 milli^m.

Habite : les eaux stagnantes des marais, des réservoirs, &. ; commune ; — à Saint-Marcel, près Bon–En-
contre ; à Trenquelléon, dans l'abreuvoir ; à Ratier, chez
M. Duvigneau ; à Cartou, près Agen ; dans les marais de la
Garonne.

B. COQUILLE SUBCARÉNÉE.

5. **P. Leucostome. — P. Leucostoma.** *(Mill.)*

Syn.—P. Leucostoma, *Mill., des Moul., Mich., Rossm., Hartm., Goup.,
Dup., A. Gras, Noul., Merm., Joba.*—Pl. Vortex, var. B, *Drap.*

Animal : brun–rougeâtre ; tentacules roses.

Coquille : discoïde, plane ou un peu convexe en dessus ;
ombiliquée des deux côtés ; striée finement, transparente
lorsqu'elle est nettoyée, ordinairement encroûtée de noir
ou de vert très foncé ; ouverture ronde, un peu anguleuse
sur la partie de l'avant-dernier tour ; péristome sub-continu, bordé d'un bourrelet très blanc qui paraît beaucoup
sur le fond noir de la coquille ; cinq tours arrondis, un peu
carénés inférieurement.

Hauteur : 1 1|2 milli^m. — Diamètre : 6-8 milli^m.

Habite : les fossés de la plaine, à Agen, la Palme, la Capelette, au Passage, à Ségougnac; à Thouars, Tonneins, &.; commune*.

C. COQUILLE CARÉNÉE.

P. Contourné. — P. Vortex. *(Mull.)*

Syn. — P. Vortex, *Mull., Drap., Grat., des Moul., Goup., A. Gras, Joba,* &. — Le Planorbe à six spirales, à arêtes, *Geoffroy.*

Animal : brun, noir; tentacules pâles; bords du pied brun-rougeâtre.

Coquille : très-discoïde, enroulée; striée obliquement; couleur de corne transparente, quelquefois très pâle vers l'ouverture; ombiliquée en-dessus, moins en-dessous; 6-7 tours bombés en-dessus et fortement suturés en-dessous; carénée sur le dernier tour qui est très plat; ouverture ovale, aiguë à l'insertion; bord latéral plus avancé que le columellaire; péristome légèrement bordé.

Hauteur : 4 1|2 milli^m. — Diam. 8-9 milli^m.

Habite : le Canal, à Agen, &.; à Riols, dans un fossé aquatique; au-dessous de Moutbran, dans des fontaines, sur des *potamots*.

---

* Les eaux qu'habitent ces Mollusques sont sujettes à des dessèchements fréquents et prolongés, car il arrive qu'il n'y a pas une goutte d'eau pendant tout l'été; mais à la moindre pluie recouvrant et pénétrant la vase du fond, on les voit reparaître à la surface. Ils cloisonnent leur ouverture avec un épiphragme papyracé, semblable à celui de certaines Hélices et Ambrettes; c'est à l'aide de cet épiphragme qu'ils peuvent ainsi s'enfoncer dans la vase et éviter le dessèchement.

7. **P. Dentellé.** — **P. Cristatus.** *(Drap.)*

Syn. — P. Cristatus, *Drap., Dup., Goup., A. Gras, Merm.,* &.— Turbo
Nautileus, *Linn.* — P. Nautileus, *Desh.*

Animal : très-petit, gris-jaunâtre très transparent; tentacules courts et gros.

Coquille : petite, aplatie, transparente, couleur de corne
pâle; striée fortement en travers, ces stries se joignent sur
la carène du dernier tour et en se réunissant forment des
petites crêtes obliques semblables à une molette d'éperon;
ouverture ovale, anguleuse sur l'avant-dernier tour; péristome simple, tranchant, sub-continu; bord latéral plus
avancé que le columellaire; trois tours convexes, le dernier
caréné à sa partie médiane; dessous ombiliqué fortement.

Hauteur : 1 milli^m. — Diamètre : 2 1\2 milli^m.

Habite : les marais, les eaux vives, aux environs d'Agen,
les mares de Cartou, derrière l'Hôpital; à Goulard, Brax,
Sérignac, St-Marcel, Pourret, &.; très-commune parmi les
conferves et les plantes aquatiques.

8. **P. Tuilé.** — **P. Imbricatus.** *(Mull.)*

Syn. — P. Imbricatus, *Mull., Drap., Goup., Merm., Joba.* — Le Planorbe tuilé, *Geoffroy.*

Animal : grisâtre; tentacules courts et blanchâtres.

Coquille : très petite, ressemblant un peu à la précédente
avec laquelle on l'a souvent confondue ou réunie; aplatie,
moins carénée; striée en travers sur l'épiderme qui est
disposé en lames superposées et tuilées, se réunissant sur la

carène en pointes mousses; trois tours convexes; suture profonde; ombilic large et profond; ouverture ovale; bord columellaire moins avancé que le latéral.

Var. *A.* — Major.

Hauteur : 1 1|2 milli^m. — Diam. 2 3|2 milli^m.

Habite : les eaux vives, à Brax, Goulard, Sérignac, &.; n'est pas commun.

Observation : M. Arnau de Barbe m'a envoyé trois exemplaires de *P. Imbricatus*, trouvés dans un vivier, près de la Barguelonne, à son château de Coupet, près Valence. Ils diffèrent beaucoup par leur taille plus forte et par un facies semblable à celui du *P. Albus;* n'ayant pas vu l'animal, j'ai du les rapporter au *P. Imbricatus*, — var. major.

9. **P. Caréné**. — **P. Carinatus**. *(Mull.)*

Syn.—P. Carinatus, *Mull., Noul., Goup,, Grat., Dup., Merm., A. Gras, Joba, &* — Hel. Planorbis, *Linn., Gmel.* — Pl. Acutus, *Poir.* — P. Limbata, *Dacos.* — Le Plan. à quatre spirales, à arêtes, *Geoffroy.*

Animal : presque noir; tentacules roux; dessous du pied bleuâtre.

Coquille : aplatie, très finement striée, carénée, ombiliquée des deux côtés, plus fortement en–dessus; ouverture ovale, très anguleuse sur l'avant–dernier tour; péristome simple, tranchant, avec un bourrelet blanc intérieur très mince, bord latéral plus avancé que le columellaire; 5–6 tours de spire convexes en–dessus à peine arrondis en–dessous; suture profonde; le dernier tour est caréné fortement, cette carène suit la suture et s'enroule à la spire, elle est très aiguë et détermine un angle au bord latéral; couleur de corne pâle, une fois nettoyée, encroûtée de noir et même corrodée à l'état normal.

Var. *A*. — Marginata. — P. Marginatus. *(Drap.)*

La seule différence de cette var. au type c'est que la carène au lieu de partager le dernier et l'avant-dernier tour est plus basse et arrive juste à l'insertion du bord latéral; sa taille et sa couleur sont les mêmes; s'accouplent et vivent dans les mêmes lieux.

Hauteur : 2 1|2 milli^m. — Diam. 11-14 milli^m.

Habite : les marais, les ruisseaux alimentés par des sources; à St-Marcel, Pourret, le Canal, Brax, Goulard, Sérignac, &.; très-commune.

10. P. Aplati. — P. Complanatus. *(Drap.)*

Syn. — P. Complanatus, *Drap., Merm., Joba*, *A. Gras.* — Pl. Nitidus, *Mull., Dup.* — P. Nautileus, *Kikœx.* — Segmentina Nitida, *Flemm.*

Animal : noir; tentacules bleuâtres.

Coquille : fortement ombiliquée et aplatie en-dessous, convexe en-dessus, finement striée, lisse, luisante, couleur fauve clair; carène aiguë; ouverture étroite plus large que haute; bord latéral plus avancé que le columellaire; péristome simple à bords tranchants; trois à trois tours et demi.

Hauteur : 1 milli^m. — Diam. 4 milli^m.

Habite : les fontaines, les bassins d'eau vive, à Cazalet, dans le bassin chez M. Bartayrès, à St-Marcel parmi les conferves, au bas de Cartou parmi les plantes aquatiques; assez rare.

GENRE SEIZIÈME.

Physe. — Pyhsa. *(Drap.)*

Animal : ovale plus ou moins spiral ; tête munie de deux tentacules longs, sétacés et oculés à leur base interne ; manteau offrant deux lobes digités sur ses bords, qui peuvent se recourber et recouvrir en grande partie la coquille ; le pied long, arrondi antérieurement, aigu postérieurement ; le reste de l'organisation comme dans les Limnées, à l'exception que les orifices sont généralement à gauche.

Coquille : généralement sénestre, ovale, allongée ou presque globuleuse, lisse, mince et très fragile ; l'ouverture ovale, un peu rétrécie en arrière, bord gauche tranchant ; quelquefois avec un bourrelet interne ; la columelle un peu torse mais sans pli ; la spire plus ou moins aiguë et allongée, le dernier tour plus grand que les autres réunis. — OEufs nombreux réunis par une masse albumineuse.

Les Physes habitent les eaux douces et tranquilles, rampent et nagent à la manière des Limnées.

ESPÈCES :

1. P. Aiguë. — P. Acuta. *(Drap.)*

Syn. — P. Acuta, *Drap., Fér., Brard., Mich., des Moul., Goup., Merm.*

Animal : grisâtre en-dessus, jaunâtre en-dessous, quelquefois verdâtre ou noirâtre, selon les eaux ; manteau parsemé de taches dorées qui paraissent à travers la coquille ; pied très-aigu.

Coquille : ovale, allongée ou un peu ventrue ; sommet aigu ; finement striée, luisante, un peu opaque, rarement transparente ; ouverture ovale, arrondie inférieurement, anguleuse supérieurement ; assez grande, formant les 3|4 de la coquille ; columelle blanche, torse, calleuse et épaisse ; péristome simple et tranchant, quelquefois épais à l'intérieur et alors d'un blanc laiteux, autrefois rose-vineux et moins épais ; ombilic à peine apparent et recouvert par la callosité de la columelle ; cinq tours, le dernier plus convexe et plus grand ; suture profonde.

Var. *A.* — Elongata. Le Canal, très-commune.

Var. *B.* — Grisea.   La Garonne.   *id.*

Var. *C.* — Ventricosa.   *id.*   *id.*

Var. *D.* — Castanea.*   *id.*   plus rare.

Var. *E.* — Nigricans.   *id.*   *id.*

Var. *F.* — Rosea. Les fossés herbeux, au Passage ; très-commune.

Haut. 5–10 milli[m]. — Diam. 4–7 milli[m].

Habite : tous nos cours d'eau, fleuves, rivières, ruisseaux, fontaines, fossés, le canal, &. C'est l'espèce la plus répandue.

---

* J'ai vainement cherché et fait chercher pendant 10 ans la *Ph. Castanea*, que Lamarck dit se trouver dans la Garonne ; j'ai reçu de M. Sarrat Gineste, de Toulouse, des échantillons de la *P. Acuta*, sous le nom de *Castanea*, qui correspondent à ma var. *Nigricans*, et ne peuvent en rien se rapporter à l'espèce de Lamarck. La *P. Castanea* qui se trouve dans la riche collection de M. de Trenquelléon se rapporte bien à la description de l'illustre Conchyliologiste ; mais je doute fort que cette coquille soit indigène.

Observations : La forme et la couleur varient tellement que je me
suis décidé à signaler les six variétés ci-dessus. Il en est qui quoique
vivant ensemble, dans la même nasse clayonnée, dans la Garonne, sont
tellement polymorphes que j'ai souvent été tenté d'en faire des espèces
différentes. Je veux surtout parler de la var. grise dont les bourrelets
d'accroissement paraissent en-dessus et sont blanc laiteux ; tandis que la
var. noire est moindre, opaque et recouverte d'un encroûtement très
noir ; elle est ensuite plus aiguë et plus solide. Il en est de même des
var. de la plaine où se trouvent des individus dont la spire est très
allongée, tandis qu'il en est qui ressemblent aux *Tornatelles* et dont la
spire est très raccourcie.

2. P. des Fontaines. — P. Fontinalis. *(Drap.)*

Syn. — P. Fontinalis, *Drap., Schrot., Mill., Brard., Goup., Joba, A.
Gras,* &. — Bulla Fontinalis, *Linn.* — Plan. Bulla, *Mull.* — Bul.
Fontinalis, *Brug.* — Bulla Rivalis, *Dilw.* — Turbo Adversus, *Ducos.*
— Limn. Fontinalis, *Sow.* — La Bulle Aquatique, *Geoffroy.*

Animal : jaunâtre en-dessous, noirâtre en-dessus ; pied
digité et très aigu postérieurement, recouvrant la convexité
de la coquille.*

Coquille : ovalaire, un peu bombée, lisse ou finement
striée, brillante, hyaline, ampullacée, couleur fauve-clair
ou blanchâtre ; ouverture ovale inférieurement, anguleuse
supérieurement ; columelle torse, calleuse, recouvrant
l'ombilic qui se voit fort peu ; bord tranchant et mince ;
bourrelet intérieur à peine indiqué et d'un rose clair ; quatre
tours dont le dernier fait, à lui seul, la totalité de la coquille, les trois autres sont à peine visibles ; sommet obtus ;
suture marquée.

* J'ai remarqué que lorsque ce Mollusque se sent saisi il fait aller son
pied de droite à gauche et le fait tourner assez rapidement au point d'ef-
frayer et de faire lâcher prise à celui qui le pêche pour la première fois.

Hauteur : 5-8 milli^m. — Diamètre : 4-6 milli^m.

Habite : Saint-Marcel, Pourret, le Canal, &. ; très commune chez M. Désiré de Brondeau, à Senelles, près Villeneuve.

OBSERVATION. — Cette espèce est très distincte de la précédente, et je ne puis partager l'opinion de plusieurs auteurs qui les réunissent. Elle en diffère par ses tours moins nombreux, sa plus grande fragilité, sa transparence, son bourrelet presque nul, et surtout par la brièveté de ses premiers tours qui la font ressembler à une *Tornatelle*. Les individus de Senelles sont généralement plus ovoïdes et plus ampullacés que ceux des environs d'Agen.

GENRE DIX-SEPTIÈME.

Limnée. — Limnœa. *(Lamk.)*

CARACTÈRES :

Animal : de forme ovale, plus ou moins spiral ; tête munie de deux tentacules aplatis, triangulaires, portant les yeux à leur base interne ; bouche munie d'une pièce supérieure pour la mastication, surmontée d'une sorte de voile assez court ; pied ovale, bilobé antérieurement, rétréci postérieurement ; orifice de la cavité pulmonaire au côté droit, sur le collier, en forme de sillon, et pouvant être recouvert par un appendice charnu qui le borde inférieurement ; anus tout à côté, organes de la génération distans, l'orifice de la verge étant sous le tentacule droit et celui de la vulve à l'entrée de la cavité pulmonaire ; génération monoïque.'

Coquille : mince, fragile, ovale-oblongue, à spire plus

' Voir page 48, article *Embryogénie*.

ou moins aiguë et allongée ; à ouverture plus haute que large, ovale, quelquefois très grande, à bord tranchant non continu par l'effet de la convexité du tour précédent ; un pli oblique à la columelle.

Les Limnées habitent : les rivières, les canaux, les étangs, les fontaines, les mares et les moindres ruisseaux et fossés ; nagent ou rampent renversées à la surface de l'eau et se précipitent au fond en dégageant l'oxigène. — Comme les Planorbes et les Physes, les Limnées sont omnivores, se nourrissent indifféremment de plantes ou de matières animales en putréfaction.

ESPÈCES :

A. La longueur de l'ouverture excédant la moitié de la longueur de la Coquille.

1. L. Auriculaire. — L. Auricularia. *(Lamk.)*

Syn.—Limn. Auricularia, *Lamk., Noul., Goup., Merm., Dup., A. Gras. Joba,* &. — Limneus Auricularius, *Drap.*—Hel. Auricularia, *Linn.* — Buc. Auricula, *Mull.*—Bul. Auricularius, *Poir.*—Turbo Patulus, *Dacos.* — Le Radis ou Buccin ventru, *Geoffroy.*

Animal : brunâtre ou vert foncé ; mufle très évasé ; tentacules coniques chez les individus jeunes, formant chez les vieux un croissant dentelé tout autour. Dans tous les âges les bords antérieurs des tentacules et du mufle sont marginés de jaune-pâle ou jaune-doré ; entre les tentacules, sur la tête et sur le reste du corps existent des taches de la même couleur ; les yeux, très noirs, sont entourés d'un cercle jaunâtre ; les œufs sont très ronds et contenus dans une matière glaireuse, diaphane.

Coquille : fortement ventrue, striée, assez solide, transparente; stries d'accroissement rugueuses et inégales; spire très courte de quatre tours rentrant dans le dernier qui forme à lui seul le volume de la coquille; suture profonde; ouverture très ample, arrondie inférieurement, un peu anguleuse au sommet; bord latéral tranchant, bordé à l'intérieur par une bande rose pâle, ou nacrée; bord columellaire réfléchi, épais, renversé sur la columelle, s'évasant à la base et recouvrant presque la fente ombilicale qui paraît à peine; couleur de corne pâle.

Var. *A.* — Canalis, *Limn.* Canalis, *Villa.*

Hauteur : 18–20 milli^m. — Diamètre : 13 milli^m. — Hauteur de l'ouverture : 19 milli^m.

Habite : les nasses vaseuses de la Garonne où elle rampe au fond, s'élève rarement sur l'eau; les marais de Cartou, de Riols, le Canal, &. ; commune.

Observation. — La var. *A Canalis* diffère du type par son ombilic plus ouvert et sa spire plus allongée; son ouverture est également moins ventrue; habite avec le type.

2. L. de Trenquelléon. — L. Trencalconis. *(Nob.)*

(PL. II. FIG. 1—1.)*

Syn. — Limn. Trencalconis, *Gassies.*

Animal : gris-verdâtre; tentacules, bords du manteau,

---

* C'est à **M. Lespiault**, de Nérac, naturaliste et dessinateur distingué, que je dois le dessin si rigoureusement vrai de cette espèce et de plusieurs autres; je le prie d'accepter ici mes vifs remercîments : je ne pouvais remettre en de meilleures mains le soin de représenter mes espèces nouvelles.

du mufle et du pied pointillés de jaune-doré; pied large, vert enfumé.

Pond une trentaine d'œufs réunis dans une glaire incolore; les petits éclosent 20-25 jours après.

Coquille : turbinée, à spire allongée et médiocre, striée irrégulièrement dans le sens des accroissements; rugueuse sur le dos et marquée de sillons inégaux, séparés par des côtes apparentes et même sensibles au toucher; ces élévations sont transverses et dans le sens contraire aux stries; ouverture ample, ovale, presque aussi large que haute dans les beaux échantillons; arrondie à la base, un peu anguleuse au sommet; columelle calleuse, épaisse et fortement dilatée, couvrant presque la fente ombilicale; bord columellaire réfléchi, tordu en suivant le bord latéral qui est fortement renversé au point de sa partie extérieure et forme un canal dans tout son parcours lorsque la coquille est arrivée à son développement complet; ce bord est simple et tranchant; péristome presque continu par la réunion de la columelle dont le pli et la callosité recouvrent la convexité de l'avant-dernier tour; spire de 4-5 tours convexes, diminuant rapidement, le dernier formant à lui seul les trois quarts et demi de la coquille; suture médiocre; sommet presque aigu; couleur de corne pâle, à peine luisante en dessus, intérieur jaune-lacté assez brillant.

Hauteur : 20-23 milli^m. — Hauteur de l'ouverturre : 15-20 milli^m. — Largeur de l'ouverture : 16-16 milli^m.

Habite : aux environs d'Agen, dans les fossés alimentés par les ruisseaux de Pouchabou et Lapalme, derrière Malcomte, &.; très abondante, mais rarement bien développée à cause du prompt dessèchement des fossés qu'elle habite*.

OBSERVATION. — Cette espèce se distingue de toutes ses congénères ; elle ne peut être rapportée à l'*Auricularia* à cause de sa forme ovalaire et de sa spire allongée, de sa columelle presque droite, subitement renversée en visière de casque et par l'angle du bord supérieur. Elle diffère de l'*Ovata* et de l'*Intermedia* par sa taille plus grande, son ouverture plus dilatée et son bord réfléchi.

Je dédie cette coquille à M. de Trenquelléon père, comme un faible témoignage de ma reconnaissance pour la bonté qu'il a eue, en mettant à ma disposition les ouvrages nombreux qu'il possède sur les Mollusques et en me laissant consulter sa précieuse collection.

3. L. Ovale. — L. Ovata. *(Lamk.)*

Syn. — L. Ovata, *Lamk., Noul., Goup,, A. Gras, Joba*, &. — Limneus Ovatus, *Drap.* — Hel. Teres, *Gmel.* — Bul. Limosus, *Poir.* — Hel. Limosa, *Oliv.*

Animal : grisâtre, pâle, pointillé de jaune.

Coquille : plus allongée que l'*Auricularia*, moins ventrue ; ouverture ovale, arrondie inférieurement, anguleuse supérieurement ; bord latéral tranchant, sans bourrelet intérieur ; columelle calleuse, pli se dilatant et couvrant presque la fente ombilicale ; quatre tours convexes et un peu acuminés au sommet ; suture médiocre ; couleur de corne pâle sur laquelle paraissent peu les stries très fines du têt.

VAR. *A.* — PELLUCIDA. — Pl. II, fig. 5-5 (*M. Lespiault*).

---

* Il faut, lorsqu'on aura signalé le gîte de ce Mollusque, aller le chercher lorsqu'il sera à sec sur la vase encore humide, car avant de mourir son bord latéral tend à se relever en gouttière : les plus beaux échantillons ont tous été trouvés ainsi.

Var. *B.* — Crassa. — Pl. ii, fig. 4-4 (*M. Laboulbène*).
Hauteur : 14-18 milli^m. — Diamètre : 8-10 milli^m. —
Hauteur de l'ouverture : 12-14 milli^m.

Habite : tout l'Agenais, dans les fossés, les mares, les fontaines, les eaux vives et stagnantes, très commune ; belle dans l'Ourbise, à Saint-Julien-de-Fargues.

4. **L**. de **Noulet**. — **L**. **Nouletiana**. *(Nob.)*

(pl. ii. fig. ii-ii. — *M. Lespiault.*)

Syn. — Limn. Nouletiana, *Gassies.*

Animal : gris sale, foncé ou roussâtre ; tentacules pointillés de roux et de brun ; pied large, gris vers le centre, plus pâle vers les bords ; quelques individus sont entièrement roux.

Coquille : ovale, globuleuse, mince, fragile, striée dans le sens des accroissements ; sommet très obtus ; suture médiocre ; ouverture ovale, arrondie à la base, anguleuse au sommet, plus haute que large ordinairement ; bord columellaire aplati et renversé, se relevant vers le pli ; péristome simple, tranchant, quelquefois un peu bordé à l'intérieur ; fente ombilicale peu apparente ; trois tours dont le dernier fait presque à lui seul le volume de la coquille, les deux du sommet étant très petits et même peu distincts chez quelques individus ; il est rare d'en trouver un quatrième.

Var. *A.* — Aperta. — Pl. ii, fig. 3-3. (M. Laboulbène.)
Hauteur : 13-14 milli^m. — Diamètre : 7-8 milli^m. —
Hauteur de l'ouverture : 11-12 milli^m.

Habite : le réservoir du moulin de Ratier, près Beauregard ; commune.

OBSERVATION. — Cette espèce est intermédiaire entre l'*Ovata* et
l'*Auricularia*, car elle tient de l'une et de l'autre : elle tient de l'*Ovata*
par son ouverture, mais s'en éloigne par sa columelle simple et presque
dépourvue de callosité; elle a ses rapports avec l'*Auricularia* par la
brièveté de sa spire, s'en distingue par la forme ovale de son ouverture.
Elle est presque toujours recouverte par un encroûtement vert foncé
qui s'étend sur toute la coquille. A certains endroits, non seulement
cet épiderme factice manque, mais le têt lui-même est corrodé; les parties ainsi rongées le sont irrégulièrement et paraissent comme des sillons crayeux tranchant sur le fond vert. Ces corrodations ne s'impré-
gnent plus de corps étrangers.

En cherchant l'explication de cette singularité, j'aperçus un petit
myriapode aquatique caché dans un sillon et qui rongeait l'encroûtement et la coquille elle-même; je brossai le têt et je vis des parties per-
forées que le Mollusque n'avait pu réparer et par où il paraissait à nu. Je
mis l'insecte dans une fiole pleine d'eau pour le conserver et le jeter dans
l'alcool, mais il s'était enfui, et depuis je n'ai pu m'en procurer d'autres.

Au sortir de l'eau, cette Limnée est chargée de phlegmes et fort sale.
Lavée seulement à l'eau fraîche, elle est d'un vert obscur où les décor-
tications paraissent d'un blanc crayeux. Nettoyée à la brosse, elle est de
couleur de corne pâle mate et conserve un air décrépit qui la fait ressembler à une coquille roulée. La variété est moins encroûtée que le
type et plus difficile à se procurer.

Je dédie cette espèce à mon ami le docteur J.-B. NOULET, professeur
d'histoire naturelle à l'Ecole de Médecine de Toulouse, auquel la science
est redevable d'une foule de travaux importants sur les Mollusques, la
Botanique, &. Je le prie d'accepter cette modeste dédicace comme un
faible témoignage de mon amitié.

5. **L. Intermédiaire.** — **L. Intermedia.** (*Fér.*)

Syn. — L. Intermedia, *Fér.* ex. *Daud., Gualt., Schr., Mich., A. Gras,
Merm.* — L. Vulgaris, *Pfeiff.*

Animal : gris pâle très transparent.

Coquille : ovale, diaphane, légèrement turbinée, striée

finement en long, perforée; ouverture ovale, arrondie inférieurement, anguleuse supérieurement; péristome simple, tranchant, légèrement marginé; columelle tordue et calleuse; cinq tours convexes, le dernier plus grand proportionnellement; sommet allongé, un peu pointu; suture marquée.

Hauteur : 22-23 milli^m. — Diamètre : 13-14 milli^m. — Hauteur de l'ouverture : 13-14 milli^m.

Habite : les fontaines des coteaux aux environs d'Agen, au Grézel, Lacassagne, Toucaut, Cambes, St-Ferréol, &.; très commune.

OBSERVATION. — Cette espèce tient de la Lim. *Ovata* et de la *Peregra* : de la première par son ouverture et de la seconde par sa spire ; son facies est constant.

6. **L. Voyageuse**. — **L. Peregra**. *(Lamk.)*

Syn. — L. Peregra, *Lamk.*, *Noul.*, *Dup.*, *Goup.*, *A. Gras*, *Merm.*, &.— Limneus Pereger, *Drap.*—Bucc. Peregrum, *Mull.*—H. Atrata, *Chemn.* — Bul. Pereger, *Brug.* — H. Peregra, *Gmel.*, *Montag.*, *Dilw.*

Animal : brunâtre, enfumé, jaunâtre vers les bords du pied et des tentacules ; corps ponctué de jaune doré qui paraît sous la coquille, surtout lorsqu'elle est jeune.

Coquille : cornée, brunâtre, un peu turbinée; stries d'accroissement jaunâtres et fortement accusées; cinq tours, le dernier faisant à lui seul les trois quarts de la coquille; suture marquée, sommet obtus; ouverture ovale, oblongue; bord latéral simple, bord columellaire réfléchi; pli de la columelle laissant voir un peu l'ombilic.

VAR. A. — FERRUGINEA.

Var. *B.* — Marginata, L. Marginata *(Mich.)*

Var. *C.* — Radiata.

Hauteur : 15-25 milli^m. — Diamètre : 10-15 milli^m. — Hauteur de l'ouverture : 14–15 milli^m.

Habite : la var. *A.* Type, dans les fontaines vaseuses des coteaux ; au Grézel, Cambes, Puymirol, Beauville, &. ; très commune ; la var. *B*, à Ségougnac, sur le plateau, dans des fossés d'eau pluviale, bourbeuse, dans un terrain ferrugineux ; à Moirax, &. ; commune. La var. *C*, dans les fontaines des Landes, à Sos, Houeillès, Pompogne, Bouglon, Saint–Julien–de–Fargues, commune.

Observation. — La var. *B* est identique à tous les échantillons de la L. *Marginata* que j'ai reçue des auteurs ; ce n'est pour moi qu'une variété plus solide de la L. *Peregra*.

7. L. des Etangs. — L. Stagnalis. *(Lamk.)*

Syn.—Limn. Stagnalis, *Lamk., Noul., Dup., A. Gras, Merm., Joba, &.* — Limneus Stagnalis, *Drap.*— H. Stagnalis, *Linn.*— Bul. Stagnalis, *Brug.* — Le grand Buccin, *Geoffroy.*

Animal : fauve roussâtre en–dessus, plus pâle en–dessous, quelquefois noirâtre, comme enfumé ; tentacules coniques.

Coquille : ovale, allongée, striée longitudinalement et d'une manière plus accusée et presque rugueuse vers les accroissements en se dirigeant contre le bord latéral, quelquefois elle est carénée à la suture du dernier tour, plus souvent elle est arrondie ; ouverture ovale, allongée, grande, élargie vers l'extrémité inférieure qui est arrondie, la supérieure est obtusément anguleuse ; bord columellaire calleux, pli fortement tordu et recouvrant presque en entier l'ombilic; bord latéral tranchant, légèrement bordé d'un bourrelet blanchâtre; bord columellaire violet ou vineux; 6–7 tours convexes très acuminés, le dernier formant les 3|4 de la coquille; suture profonde; sommet aigu.

    Var. *A.* — Globosa.

    Var. *B.* — Acuta.

    Var. *C.* — Rosea.

    Hauteur : 50–56 milli^m. — Diamètre : 23–30 milli^m. — Hauteur de l'ouverture : 12–14 milli^m.

    Habite : la var. A, à Lalongue, dans les marais; commune. La var. B, dans le Canal, à Agen ; à Brax, Goulard, Sérignac, les Landes, partout, &.; très commune. La var. C, le Canal, à Damazan, commune; l'eau de cette partie ne vient point de la Garonne.

B. Longueur de l'ouverture moindre que la moitié de la longueur de la Coquille.

8. L. des Marais. — L. Palustris. *(Lamk.)*

Syn. — L. Palustris, *Lamk.*, *Dup.*, *Goup.*, *A. Gras, Merm.*, *Joba*, &. — Limneus Palustris, *Drap.* — H. Fragilis, *Linn.* — Buc. Palustre, *Mull.* — Bul. Palustris, *Brug.* — H. Palustris, *Gmel.* — H. Corvus, *Gmel.*

Animal : noir, violâtre ; tentacules noirs, enfumés ; pied médiocre, aigu postérieurement.

Coquille : ovale, oblongue, ventrue vers le dernier tour, turriculée vers le sommet qui est très acuminé ; ouverture ovale, allongée, se dilatant vers le bord latéral ; bord columellaire réfléchi, recouvrant entièrement l'ombilic ; ce bord est presque toujours d'un brun-vineux ; 6-7 tours convexes ; suture assez profonde ; sommet obtus. Les stries, assez fortes, sont souvent traversées par d'autres stries irrégulières qui forment un réseau inégal.

Var. *A*. — Obtusa, à spire courte et base obtuse.

Var. *B*. — Elongata, à spire aiguë, turriculée et à base anguleuse.

Hauteur : 24-35 milli^m. — Diamètre : 10-15 milli^m. — Hauteur de l'ouverture : 8-12 milli^m.

Habite : la var. A, dans tout le département, les eaux vives et stagnantes, aux environs d'Agen, le Canal, Brax, Goulard, Sérignac, Pourret, St-Marcel, &. ; les Landes, à Sos, St-Julien-de-Fargues, &. ; excessivement commune. La var. B, à Lalongue ; commune.

9. L. Leucostome. — L. Leucostoma. *(Lamk.)*

Syn. — L. Leucostoma, *Lamk.*, *Mich.*, *Dup.*, *Merm.*, *A. Gras*, *Goup.* — Ejusd. Limn. Gingivata, *Goup.* — Limneus Elongatus, *Drap.* — Limn. Elongata, *Wagn.* — H. Octofracta, *Montag.* — H. Peregrina, *Dilw.*

Animal : gris, presque noir ; tentacules et dessous du corps plus pâle.

Coquille : turriculée, térébrale, striée en long ; 7-9 tours convexes dont le dernier beaucoup plus grand proportionnellement ; ouverture ovale, elliptique, entourée d'un bourrelet intérieur blanc-laiteux ; bord latéral tranchant, le columellaire réfléchi ; suture marquée ; sommet acuminé ; couleur de corne pâle ou roussâtre sans reflets. Avant d'être brossée elle est toujours recouverte d'un limon noir qui rend encore plus visible le bourrelet blanc du péristome.

Var. *A.* — Major.

Var. *B.* — Minor, Lim. Subulata, *Charpentier.*

Var. *C.* — Gingivata, Lim. Gingivata, *Goupil.*

Hauteur : 17-26 milli^m. — Diamètre : 5-8 milli^m. — Hauteur de l'ouverture : 5 milli^m.

Habite : les fossés inondés de la plaine, les fontaines facilement desséchées par le soleil ; au Passage, Pouchabou, Ségougnac, Brax, Thouars, Bruch, Espiens, &. La var. Gingivata dans le Néracais ; les Landes, à Sos, St-Julien-de-Fargues, &. ; très commune.

Observation. — La var. *Gingivata* me fut envoyée par M. l'abbé Dupuy, sous le nom de L. *Gingivata*, Goupil. Antérieurement à cette époque M. de Trenquelléon m'avait communiqué des individus vivants, de toute taille, venant de sa propriété de St-Julien-de-Fargues ; je n'hésitai pas à me prononcer pour la réunion de cette coquille à la L. *Leucostoma*. Depuis j'allai visiter, moi-même, la fontaine de St-Julien, c'était au mois d'août ; elle était alors presque desséchée et je pus voir, grandes et petites Limnées enfouies dans le sable humide ; de là ces bourrelets d'accroissement si nombreux dont est radiée la coquille lorsqu'elle est devenue adulte, et qui sont dûs aux divers temps d'arrêt et de repos forcé que lui impose la nature des eaux qu'elle habite. Le nom de *Gingivata*, imposé par M. Goupil, me paraissant rendre parfaitement le facies de cette coquille, je l'ai gardé à ma variété.

10. L. Troncatulée. — L. Truncatula. *(Mull.)*

Syn. — L. Truncatula, *Mull., Goup., Dup.* — Limneus Minutus, *Drap.* — Limn. Minuta, *A. Gras, Merm., Joba,* &. — Bucc. Truncatulum, *Muller.* — H. Truncatula, *Gmel.* — Bul. Obscurus, *Poir.* — L. Fossarius, *Turt.* — Le petit Buccin, *Geoffroy.*

Animal : gris enfumé, plus pâle en-dessous ; corps ponctué de taches dorées.

Coquille : ovale, oblongue, plus acuminée vers le sommet; cinq tours convexes, l'inférieur plus grand; suture profonde; sommet obtus, souvent corrodé; ouverture ovale; péristome tranchant, un peu marginé à l'intérieur; columelle calleuse recouvrant presque l'ombilic; stries peu apparentes; couleur de corne pâle lorsqu'elle est brossée, toujours encroûtée de limon à l'état normal

Var. *A.* — Major.

Var. *B.* — Minor.

Hauteur : 7-12 milli^m. — Diamètre : 4-9 milli^m.—Hauteur de l'ouverture : 3-4 milli^m.

Habite : les fossés terreux et vaseux, les fontaines; rampe toujours sur les bords même desséchés, &.; très commune; dans tout l'Agenais, à La Palme, Riols, Toucaut, &.; dans la plaine; à Moirax, Ségougnac, Le Grézel, &.; sur les coteaux.

Observation.—C'est l'espèce qui résiste le plus au dessèchement; elle vit aussi bien dans une mare privée d'eau pendant tout l'été, au sommet d'un coteau comme dans les fossés inondés de la plaine. En septembre, ces Limnées apparaissent, aux premières pluies, à la surface de tous les trous remplis de quelques centimètres d'eau, après s'être dégagées de la vase qui les recouvrait.

———

Cinquième Famille :

LES SEMI-PHYLLIDIENS. (*Lamk.*)

GENRE DIX-HUITIÈME.

Ancyle. — Ancylus. (*Geoff.*)

CARACTÈRES :

Animal : ovale, en cône, légèrement recourbé en arrière,

ayant le manteau peu ample, ne recouvrant point la tête, et mince sur les bords; tête très grosse, munie de deux tentacules gros, cylindriques, contractiles, oculés à leur base interne et avoisinés au côté externe par un appendice foliacé; bouche inférieure, avec quelques apparences d'appendices labiaux de chaque côté; pied elliptique, grand; branchies dans une sorte de cavité, au milieu du côté gauche, entre le pied et le manteau; anus au côté gauche.

Coquille : sénestre, mince, recouvrante, presque symétrique, en cône oblique, en arrière; à base ovale plus ou moins allongée, à sommet pointu, non marginal, un peu incliné à droite.

OBSERVATION. — Ces Mollusques étant branchyfères ne peuvent raisonnablement être placés avec les Pulmonés; Lamarck les ayant mis dans la deuxième famille des *Semi-Phyllidiens*, les place entre les *Phyllidies* et les *Ombrelles*. Ils habitent les fontaines, les ruisseaux, les canaux, les rivières, sur les plantes, les pierres, &.

ESPÈCES :

1. A. Fluviatile. — A. Fluviatilis. *(Mull.)*

Syn. — A. Fluviatilis, *Mull., Drap., Noul., Dup., A. Gras, Merm., Joba,* &. — Patella fluviatilis, *Gmel.* — L'Ancile, *Geoffroy.*

Animal : gris-noirâtre, plus pâle en-dessous.

Coquille : conoïde, patelliforme, sommet mucroné en forme de bonnet phrygien; ouverture ovale, arrondie; bords tranchants; mince, transparente, variant du corné pâle au blanc.

Hauteur : 4 1⁞2 milli^m. — Largeur : 4 1⁞2 milli^m. — Longueur de l'ouverture : 6-7 milli^m.

Habite : toutes nos eaux vives, la Garonne, le Lot, le
Gers, l'Auvignon, le Drôt, la Baïse, la Gélise, l'Avance,
l'Ourbise, la Barguelonne, &.; très commune sur les pierres exposées aux courants; les fontaines de Ratier, Lécussan, Trenquelléon, &.

2. A. Lacustre. — A. Lacustris. *(Mull.)*

Syn. — A. Lacustris, *Mull., Drap., Noul., Dup., Grat., des Moul.,* A.
Gras, *Merm., Joba,* &. — Patella Lacustris, *Linn.*

Animal : transparent, brunâtre, fauve ou grisâtre.

Coquille : ovale, oblongue, diaphane, cornée, blanche
lorsqu'elle est dégagée du limon vert-foncé qui s'y attache;
sommet peu élevé, moins aigu que dans l'espèce précédente, recourbé en arrière; ouverture ovale, très allongée;
bords tranchants.

Hauteur : 4 milli^m. — Larg. 2-3 milli^m. — Longueur de
l'ouverture : 5-6 milli^m.

Habite : les eaux tranquilles, sur les *Nénuphars*, les
Potamots, les pierres, les bois; commune à Cazalet, dans
la fontaine; à St-Marcel; dans le Canal; à Sérignac, dans
les marais.

———

Sixième Famille :

Trachélipodes marcheurs.

Péristomiens. *(Lamk.)* — Turbinés. *(Fér.)*

Animal : muni de deux tentacules subulés, contractiles; les yeux à leur base.

Coquille : variant dans sa forme, à ouverture arrondie ou ovale, à bords peu ou point désunis, sans canal ni échancrure; opercule corné ou vitreux.

———

GENRE DIX-NEUVIÈME.

Paludine. — Paludina. *(Lamk.)*

CARACTÈRES :

Animal : muni d'une tête proboscidiforme; tentacules coniques, allongés, quelquefois distans, portant les yeux à leur base extérieure, ceux-ci sur de petites éminences plus ou moins saillantes; bouche munie d'une masse ou d'un ruban lingual hérissé; pied oblong ou ovale, plus ou moins allongé, et portant généralement un sillon marginal en avant; organe mâle au côté droit antérieur, ayant son orifice à la base du tentacule ou dans le voisinage de cet organe; anus du même côté. *(Rang.)*

Coquille : dextre, épidermée, conoïde, à tours de spire arrondis; sommet mamelonné; ouverture arrondie, ovale, anguleuse au sommet, les deux bords réunis tranchants, jamais recourbés; péristome continu; un opercule orbiculaire, corné, strié, squammeux *(Grateloup.)* Ce genre a été distrait du genre Cyclostome par *Lamarck.*

Les Paludines habitent les eaux douces des fleuves, des canaux, des marais, des fontaines; il en est qui vivent dans les eaux saumâtres.

ESPÈCES :

A. Spire courte ou médiocre.

1. **P. Vivipare.** — **P. Vivipara**. *(Lamk.)*

(PL. I. — FIG. II.)

Syn. — P. Vivipara, *Lamk.* — Cyclost. Viviparum, *Drap.* — Hel. Vivipara, *Linn.* — Nerita Vivipara, *Mull.* — Bul. Viviparus, *Poir.* — Cycl. Contectum, *Mill.* — La Vivipare à bandes, *Geoffroy.*

Animal : brunâtre ou verdâtre, pointillé de jaune brillant; organes de la génération distincts; le mâle est généralement moindre.

Coquille : grande, solide, fortement turbinée; striée finement en long; couleur olivâtre, presque toujours encroûtée de limon; ouverture oblique, arrondie inférieurement, anguleuse supérieurement; péristome simple, tranchant et continu; ombilic évasé et profond; 4–5 tours très convexes, le dernier très grand proportionnellement; suture profonde, sommet obtus, souvent érodé; opercule corné, spiriforme, fermant exactement l'ouverture.

Hauteur : 35 milli^m. — Diamètre : 26 milli^m.

Habite le Canal latéral?

OBSERVATION. — Cette coquille, vivant dans le canal du Midi, et voisine du nôtre, ne tardera pas à être amenée par les eaux venant de Toulouse et autres lieux; aussi ai-je préféré la signaler par anticipation plutôt que de laisser une lacune après la publication de mon travail. Les bandes qui se font remarquer à la P. *Achatina* de Paris sont à peine visibles chez notre espèce; en outre, l'ombilic n'est pas recouvert par le renversement de la columelle. La P. *Agate* est moins grande que la *Vivipare.*

2. **P. Sale**. — **P. Impura**. *(Lamk.)*

Syn.—P. Impura, *Lamk.*, *Mich.*, *des Moul.*, *Grat.*, *Noul.*, *Dup.*, *Merm.*,
A. Gras, Joba, &.— H. Tentaculata, *Linn.*—Nerita Jaculator, *Mull.*
— Bul. Tentaculatus, *Poir.* — Cycl. Impurum, *Drap.* — Turbo Nu-
cleus, *Dacos.* — Cycl. Jaculator, *Fér.*

Animal : noirâtre, ponctué de jaune doré, visible sur
la coquille; tentacules longs, déliés, sétacés; très flexibles, gris, tachés de jaune.

Coquille : ovale-oblongue, turbinée, conoïde, un peu
ventrue; ouverture ovale arrondie, anguleuse supérieurement; péristome continu, à bords solides; cinq tours un
peu convexes, le dernier plus grand; suture peu profonde,
point d'ombilic; couleur de corne pâle ou orangée lorsqu'elle est brossée; presque toujours encroûtée de noir à
l'état normal; opercule corné, mince, à stries circulaires.

Hauteur : 9-13 milli^m. — Diam. 6-9 milli^m.

Habite : tous nos ruisseaux et nos marais où l'eau, sans
être très vive, n'est cependant pas stagnante; elle vit sur
les herbes aquatiques, rampe sur la vase, &.; très commune à Pourret, Saint-Marcel, le Canal, Lalongue, la
Palme, Goulard, &.

B. Spire allongée.

3. **P. de Férussac**. — **P. Ferussina**. *(des Moul.)*

Syn. — P. Ferussina, *Ch.-des-Moulins*, Bull. de la Soc. Linnéenne de
Bordeaux, tom. 2, pag. 26, avec fig.— Pal. Ferussina, *Mich.*, *Dup.*

Animal : très noir en dessus; pied blanc, grisâtre,
transparent, très acuminé postérieurement, pourvu en

avant de deux lobes latéraux qui débordent à droite et à gauche du mufle.

Coquille : petite, conico-cylindracée; sommet mamelonné presque tronqué; couleur de corne blanchâtre; légèrement striée longitudinalement; cinq tours arrondis; suture profonde; ombilic très étroit; ouverture petite, un peu ovale; l'encroûtement qui couvre le têt est vert-noirâtre lorsqu'il est frais, grenu, sablonneux et brillant au soleil quand il est sec; opercule gris s'enfonçant dans l'ouverture. *(Ch. des Moulins.)*

Hauteur : 3–4 milli^m. — Diam. 1 1|2 milli^m.

Habite : les sources pures, les fontaines, contre leurs parois, sur les touffes du *Fontinalis antipyretica*, espèce de mousse aquatique dont elle se nourrit; commune dans le vallon de Courborien, Vérone; à Estillac, Moirax, &.

4. P. Diaphane. — P. Diaphana. *(Mich.)*

(PL. II. — FIG. VI–VI.)

Syn.—P. Diaphana, *Mich.*, compl. à *Drap.*, *Noul.*, *Mich.*—Pl, 2, fig. 6-6, *de Reyniès*; lettre à M. *Moq.-Tand.*

Animal : pâle, gélatineux; pied médiocre acuminé; yeux noirs, tentacules gris.

Coquille : très petite, allongée, presque cylindrique, ressemblant un peu à la précédente, avec laquelle elle a des rapports nombreux; ouverture ovale-oblique, bords tranchants, péristome continu; cinq tours convexes; suture assez profonde, légèrement striée en long; sommet mamelonné, obtus; couleur de corne blanche très luisante

et diaphane; opercule blanc-vitreux, enfoncé dans l'ouverture.

Hauteur : 3 milli^m. — Diam. 1 milli^m.

Habite : les fontaines d'eau vive; à Ségougnac, Lécussan, Ratier, Moirax, Estillac; assez abondante.

5. **P. Raccourcie.** — **P. Abbreviata.** *(Mich.)*

Syn. — P. Abbreviata, *Mich.* — Comp. à *Drap.*

Animal : pâle, un peu ardoisé sur la tête et le manteau.

Coquille : presque cylindrique, sub-perforée; stries
très fines visibles à la loupe; couleur jaune-clair, souvent
encroûtée de vert-foncé; ouverture arrondie; péristome
continu, simple et tranchant; opercule enfoncé très avant
dans l'ouverture; suture profonde; sommet très obtus et
comme tronqué ou à peine mamelonné; quatre tours convexes, le dernier plus grand.

Hauteur : 3 milli^m. — Diam. 1 milli^m.

Habite : les fontaines pures et froides, à Raillassy,
chez M. V. Amblard; à Sauvagnas, St-Robert, Beauville, &.; assez commune.

6. **P. Simonienne.** — **P. Simoniana.** *(Charpentier.)*

Syn. — P. Simoniana, *Charpentier.* — P. Simoniana, *St-Simon*, Miscell.
Malacologiques, page 38.

Animal : inconnu.

Coquille : très petite, allongée, lisse, brillante, blanche,
cylindrique; ouverture demi-ovale; péristome continu,
détaché, à bords tranchants; 6-7 tours convexes; suture
profonde; ombilic presqu'invisible; sommet obtus; opercule inconnu.

Hauteur : 2 2|2 milli". — Diam. 4|2 milli".

Habite : les alluvions de la Garonne; excessivement rare.

OBSERVATION : Je dois la communication de cette espèce à **M. Moquin-Tandon**; j'avais trouvé cette coquille pendant deux fois dans les alluvions et je la prenais pour une *Acmea Fusca* roulée; après examen il m'a été facile de la classer parmi les *Paludines*.

—

GENRE VINGTIÈME.

Valvée. — Valvata. *(Mull.)*

CARACTÈRES :

Animal : muni d'une tête très distincte, prolongée en une sorte de trompe; tentacules forts longs, cylindracés, obtus, très rapprochés; yeux sessiles au côté postérieur de leur base; pied bilobé en avant; branchies longues, pectiniformes, plus ou moins extensibles hors de la cavité, celle-ci largement ouverte et pourvue à droite de son bord inférieur, d'un long appendice simulant un troisième tentacule; organe mâle se retirant dans la cavité respiratrice.

Coquille : discoïde ou conoïde, ombiliquée, à tours de spire cylindracés, à sommet mamelonné; ouverture ronde ou presque ronde, à bords réunis, tranchants; opercule corné, rond, à éléments concentriques et circulaires.

Habitent : les eaux douces d'Europe et de l'Amérique septentrionale.

OBSERVATION. — Ces Mollusques ressemblent par leur forme discoïde aux *Planorbes*; aux jeunes *Paludines* par leur spire quelquefois conoïde. Elles diffèrent des premiers par leur ouverture ronde, leur péristome continu et la présence de branchies et d'un opercule, caractères qui leur manquent complètement.

ESPÈCES :

A. *Coquille conoïde.*

V. Piscinale. — V. Piscinalis. *(Fér.)*

Syn. — V, Piscinalis, *Fér., Grat., Mich., des Moul., Noul., Brard., Goup., Dup., A. Gras, Merm., Buvig., Put., Joba,* &. — Nerita Piscinalis, *Mull.* — Hel. Piscinalis, *Gmel.* — Turbo Cristata, *Poir.* — Cyclostoma Obtusum, *Drap.* — Valvaria Piscinalis, *Blainv.* — Valvaria Obtusa, *Wagn.* — H. Fascicularis, *Alt.* — Turbo Thermalis, *Dilw.* — Le Porte-Plumet, *Geoffroy.*

Animal : proboscidiforme, gélatineux, grisâtre, pâle, transparent, gris ardoisé sous le pied; tentacules très longs et déliés; appendice branchial au côté droit de la tête en forme de plume, dont les cils seraient égaux; un peu plus loin apparaît un appendice délié, contractile, semblable à un tentacule, mais plus cylindrique; pied traînant l'opercule.

Coquille : globuleuse, sub-conique, d'un blanc-verdâtre, à travers laquelle se dessinent en trois lignes diagonales d'un vert brun les intestins de l'animal; ouverture ronde; péristome à bords simples, tranchants et continus; opercule corné de même couleur que la coquille, un peu enfoncé dans l'ouverture; stries convergentes au nombre de cinq et demie; spire de quatre tours dont le dernier plus grand; sommet mamelonné, suture marquée, ombilic profond; quelques poils caducs épars sur le tôt.

Hauteur : 5-6 milli^m. — Diam. 5 milli^m.

Habite : les eaux tranquilles à fond herbeux et vaseux; commune à Cartou, Lespinasse, dans les marais, les nasses de la Garonne, le Canal, Saint–Marcel; les Landes, aux environs de Sos, &.

Observation. — Ce Mollusque rampe presque toujours sur la vase ou sur les plantes, s'élève sur l'eau dans les temps calmes et élève alors sa branchie, ce qui lui fit donner le nom de *Porte–Plumet*, par Geoffroy.

2. **V. Menue**. — **V. Minuta**. *(Drap.)*

(PL. II. — FIG. VII–VII.)

Syn.—V. Minuta, *Drap.*, *Pfeif.*, *Wagn.*, *Kikœ.*, &..

Animal : blanc, gélatineux, transparent; pied large, elliptique et assez grand; tête proboscidiforme, à travers laquelle paraissent les dents d'un *rouge orangé*; tentacules cylindriques arrondis à leur sommet[*]; yeux très noirs à la base externe; opercule corné très clair, traîné par le pied.

Coquille : globuleuse, sub–conique, très petite; ouverture presque ronde; péristome simple, continu; opercule un peu enfoncé; trois tours très convexes, le dernier très grand et absorbant en quelque sorte les deux autres qui sont peu sensibles; sommet obtus, suture marquée, ombilic assez profond.

Haut. 1 milli^m. — Diam. 3|4, 1 milli^m.

Habite : les fontaines d'eau vive des coteaux, parmi les mousses, les conferves; au Grézel, sous *Muraille*; à Estillac, Moirax, &.; assez abondante.

[*] J'ai vainement cherché l'appareil branchial qui se voit chez ses congénères.

B. Coquille discoïde.

3. **V**. **Planorbe**. —**V**. **Planorbis**. *(Drap.)*

Syn. — V. Planorbis, *Drap., Goup., Mich., A. Gras, Merm., Joba, &.—*
V. Cristata, *Mull.* — Ner. Valvata, *Gmel.*

Animal : noir, tentacules filiformes, bruns; pied médiocre; branchies livides, pâles, situées presque entre les
deux tentacules, mais un peu vers le bord columellaire;
opercule corné, transparent, sans spire apparente, concave à l'extérieur, convexe à l'intérieur; retenu en dessous par un muscle adducteur d'une grande puissance,
adhérant au pied.

Coquille : discoïde, planorbique, transparente lorsque
elle est nettoyée, chargée d'un limon noirâtre à l'état normal; striée finement, aplatie en dessus, concave en dessous et fortement ombiliquée; ouverture ronde, péristome
simple, continu; opercule un peu enfoncé; trois à trois
tours et demi un peu arrondis; suture marquée.

Hauteur : 1 milli^m. — Diam. variant de 2[1 à 3 milli^m.

Habite : les eaux vives et stagnantes de la plaine, parmi
les *conferves*, les *potamots* et les *cressons;* commune à
Saint-Marcel, Pourret, Cazalet; les marais de Cartou et de
Lespinasse.

—

GENRE VINGT-UNIÈME.

Néritine. — **Neritina**. *(Lamk.)*

Nerita, *Linné.*

CARACTÈRES :

Animal : globuleux, pied circulaire, court, épais, sans

sillon antérieur ni lobe operculaire; muscle columellaire partagé en deux; deux tentacules filiformes oculés à leur base externe; yeux sub-pédonculés; langue denticulée; une grande branchie pectiniforme; sexes séparés, organe mâle auriforme.

Coquille : semi-globuleuse, mince, aplatie, operculée, non ombiliquée; ouverture semi-lunaire, bord columellaire, aplati, tranchant; bord latéral sans dents; opercule demi-rond, muni d'une apophyse latérale; spire peu ou point saillante.

OBSERVATION.—Ces Mollusques habitent constamment dans les eaux vives et très courantes, froides même, rampent lentement sur les corps submergés, mais ne nagent pas. Les femelles déposent leurs œufs sur les pierres, les cailloux, sur les coquilles des Unio, des Anodontes et sur celle des autres Néritines; l'éclosion de l'Embryon détermine une sorte d'excoriation à la place sur laquelle il était fixé et y laisse souvent une trace indélébile; la ponte a lieu en mai et juin; les petits éclosent habituellement au bout de dix à quinze jours.

ESPÈCE UNIQUE :

N. Fluviatile. — N. Fluviatilis. *(Lamk.)*

Syn. — N. Fluviatilis, *Lamk., Blainv., Fér., Goup., A. Gras, Merm., Joba*, &. — Nerita Fluviatilis, *Linn., Drap., Roiss.* — Nerita Fontinalis, *Brard.* — La Nérite des Rivières, *Geoffroy.*

Animal : grisâtre, obtus, épais; tentacules filiformes gris plus pâle; yeux noirs; opercule inséré au pied par une apophyse.

Coquille : semi-globuleuse, solide, à peine spirale, sans ombilic, ouverte semi-lunaire; columelle droite partageant l'ouverture en demi-lune; bord columellaire aplati;

péristome simple et tranchant; deux tours de spire aplatis, le dernier faisant à lui seul le volume de la coquille; opercule semi-lunaire, corné, brun; couleur du dessus verdâtre, parsemée de petites lignes en zig-zag, se croisant irrégulièrement ou formant un réseau. Ces lignes sont tantôt brunes, vertes, noires ou bleues; la disposition de ces réseaux est très variable; aucun individu ne ressemble à un autre. Lorsque cette coquille est roulée dans le sable et exposée aux agents extérieurs, elle devient d'un rose vineux fort agréable.

Var. *A.* — Zig-Zag. Type.

Var. *B.* — Nigricans *unicolor*.

Var. *C.* — Viridana *idem*, pl. ii, fig. 8-8.

Hauteur : 4-9 milli^m. — Diam. 5-12 milli^m.

Habite : les rivières, les fleuves, les ruisseaux d'eau vive, la Garonne, le Gers, la Baïse, la Gélise, l'Ourbise, l'Avance, le Ciron, la Scoüne, la Barguelonne, &.; très commune; la var. *B* dans la Garonne, avec le type; la var. *C* dans la Garonne, sur un sol crayeux, au bas de Beauregard.

—

ACÉPHALES. (CUVIER.)

Acéphales testacés, *Cuv.* — Lamellibranches dymiaires, *Blainv.*— Conchifères dymiaires, *Lamk.* — Acéphalophores, *Blainv.*

Animal : sans tête distincte, avec une bouche sans dents, cachée dans le fond ou entre les replis du manteau, souvent munie de chaque côté d'une paire d'appendices; point d'yeux; des organes respiratoires branchiaux, peu variables dans leur forme et leur position; tous se fécondant eux-mêmes; un cerveau imparfait joint à un système nerveux ganglionnaire; deux cordons nerveux remplacent le collier médullaire; circulation simple; cœur situé sur le dos, petit, ovale, gélatineux, presque transparent, à un seul ventricule et à deux oreillettes, doué d'un mouvement ondulatoire; système artériel et veineux; respiration par des branchies extérieures; foie très volumineux, enveloppant presque en entier l'appareil digestif; un pied abdominal, vertical; quelques uns avec un appendice tendineux fort long, servant de pied (les Cyclades) *Ovo-vivipares.*

Coquille : de deux pièces jointes ensemble par un ligament corné. *Bivalves.*

Famille Première :

Les Submytilacés. *(Blainv.)*

Nayades, *Lamk.* — Conchifères Lamellipèdes, *Lamk,*

Animal : vivant dans l'eau douce des rivières, des lacs, des étangs, des canaux et même des fossés; pied très grand, épais, lamelliforme, nerveux, que l'animal fait sortir et rentrer à volonté et qui lui sert à se déplacer.

Coquille : épidermée, régulière, équivalve, inéquilatérale ; ligament externe, corné ; deux impressions musculaires latérales.

GENRE VINGT-DEUXIÈME.

Anodonte. — Anodonta. *(Brug.)*

Syn. — Mytilus, *Linn.* — Anodon, *Ock.* — Anodontitia, *Raff.* — Anodontites, *Brug., Poir.* — Gascon : MUSCLÉS DE GARONO.

Animal : ovale, oblong, plus ou moins allongé et épais, ayant le manteau ouvert dans toute sa moitié inférieure et en avant, adhérent, à bords épais, souvent frangés ; muni d'un orifice particulier pour l'anus et d'un tube incomplet, court, postérieur, garni de deux rangées de papilles tentaculaires, et servant à la respiration ; appendices labiaux triangulaires ; branchies assez longues, inégales sur un même côté ; pied très grand, épais, comprimé, de forme quadrangulaire.

Coquille : ovale ou arrondie, généralement assez mince et auriculée, régulière, équivalve, inéquilatérale, non bâillante ; sommet antéro-dorsal, écorché ; charnière sans dent, mais présentant une lame ; ligament linéaire, extérieur, très allongé ; impressions musculaires écartées, très distinctes.

Habite : les étangs, les rivières, les grandes mares, les fossés au fond de la vase. — EDULE*.

* Dans un temps peu reculé et que beaucoup de gens se rappelleront, une femme nommée *la Belbèze* vendait à la criée, dans la ville d'Agen, les Mulettes et Anodontes de la Garonne, parmi les Poissons, les Huîtres, les Moules et les Gravettes. Elle appelait l'attention des ménagères par ce cri ; *A la Coutoyo bibo! A la Coutoyo!...* Du reste, au Passage, des habitants mangent l'*Unio Requienii* et l'*Anod. Anatina* du *Rieu-Mort* en les faisant cuire sur les charbons ; d'autres les font cuire et les mangent avec la même sauce que les Moules marines.

ESPÈCES :

1. **A. des Cygnes.** — **A. Cygnœa.** *(Lamk.)*

Syn. — Cygnœa, *Lamk., Grat., des Moul., Drap., Mich., Noul., Dup.,
Goup., A. Gras, Merm., Joba,* &, — Mytilus Cygneus, *Linn.* — Anodontites Cygnea, *Poir.* — La grande Moule des étangs, *Geoffroy.*

Animal : ovale; couleur jaunâtre; pied plus blanc et
assez nerveux; manteau large et suivant les bords libres
de la coquille; papilles tentaculaires gris-glauques; branchies larges et pectinées régulièrement, ressemblant à la
gaze gauffrée; cloaque visible, toujours vaseux. Lorsque
le pied est offensé par un instrument tranchant il s'en
échappe une sorte d'humeur épaisse, d'apparence laiteuse.

Coquille : grande, ovale, oblongue, un peu bombée,
mince, surtout vers les bords qui sont souvent membraneux; extrémité antérieure arrondie, l'extérieure plus ou
moins anguleuse et comme rostrée; sommets obtus et peu
excoriés, stries d'accroissement rugueuses, inégales, formant même des varices à quelque distance des bords;
charnière simple, sans dents, retenue seulement par un
ligament corné, brun, extérieur et très allongé sur le rostre; impressions musculaires, assez fortes et rugueuses;
impression palléale médiocre; intérieur nacré, blanc-rosé;
extérieur vert-brunâtre, se distribuant en zones concentriques, inégales, interrompues, partant des sommets et
s'agrandissant vers la base; sommets jaune de chrôme peu
excoriés.

Var. *B.* — Cellensis, A. Cellensis? *Schröter.*

Haut. 8-10 centi^m. — Long. transversale : 15-18 centi^m.

Habite : la Garonne où elle est rare ; le Gers, commune ; près Sos, où elle paraît abondante. (M. Capgrand.)

OBSERVATION. — J'ai trouvé dans des flaques d'eau, près de l'Avance, une Anodonte qui ressemble beaucoup à l'Anodonte des Cygnes, mais surtout à l'An. Cellensis, *Schröter*. Cependant j'ai pu m'assurer que la seule différence des eaux avait établi cette variété que je nommerai *var. Cellensis.*

2. A. des Canards. — A Anatina. *(Lamk.)*

Syn. — A Anatina, *Lamk., Drap., Linn ?* — Mytilus Anatinus? *Dilw.* — A. Palustris? *Lamk.* — A. Intermedia? *Lamk.* — A. Rostrata? *Kok.*

Animal : semblable au précédent, un peu plus épais et plus foncé ; le bord du pied est gris-livide ainsi que les branchies ; les papilles tentaculaires grises, frangées de jaune. — ÉDULE.

Coquille : ovalaire, obtuse, arrondie inférieurement ; un peu rostrée postérieurement, mais bien moins que la précédente, plus bombée, moindre et surtout plus solide ; nacre intérieure, blanc-grisâtre, irisée d'azur ; stries peu apparentes ; sommets obtus et excoriés ; impressions musculaires et palléales peu marquées ; couleur de l'épiderme vert-brunâtre ou jaunâtre, zones interrompues par des radiations qui partent du corselet et se dirigent en s'élargissant vers les bords libres de la coquille, elles sont d'un vert assez vif.

VAR. *B.* — ROSTRATA. Aff. an. A. Rostrata, *Kokeil.*

Haut. 10-14 centi^m. — Long. transv. 17-21 centi^m.

Habite : la Garonne, le Drôt, le Gers, la Scoüne, le Lot, la Baïse, la Gélise, l'Auvignon, le Rieu-Mort, Lalongue, &. ; et tous les petits cours d'eau du département ; très commune.

OBSERV. — Plusieurs auteurs ont réuni cette espèce à l'An. *Cygnea*; je n'ai pu me ranger à leur opinion; l'An. *Anatina* que nous possédons est identique aux individus de Draparnaud et se rapporte parfaitement à ceux que j'ai reçus de mes Correspondants, mais ce n'est pas l'An. *Anatina*, de Linné que mon ami l'abbé Dupuy a bien voulu me communiquer et qui venait du Nord de la France. Notre espèce diffère complètement de l'An. *Cygnea* par tous les caractères que j'ai indiqués et se rapporterait plutôt à l'An. *Piscinalis* si commune dans la Garonne; cependant sa taille moindre, son facies constant l'en distinguent suffisamment.

5. A. des Piscines. — A. Piscinalis. *(Nilss.)*

(PL. IV. FIG. 1.)[*]

Syn. — Piscinalis, *Nilsson*; Hist, Mollus. Sueciæ, pag. 116. — Mytilus Cygneus? *Schröt.* — A. Trapezialis? *Lamk.* — Var. C, affinis. A. Rossmasslerianæ? *Dup.* — A. Ponderosa? *Pfeiff.*

Animal : semblable à celui des précédents, les bords des branchies plus noirs.

Coquille : ovale, oblongue, grande, ventrue, assez solide, épaisse; stries d'accroissement généralement très fortes et concentriques, carénées seulement vers le bord antérieur; crochets élevés et assez saillants; sommets peu excoriés, un peu rugueux, sur lesquels paraissent les premières varices onduleuses; ligament extérieur peu apparent, souvent recouvert par les lamelles de l'épiderme, ce qui le rend fort inégal et forme des élévations coniques ou mamelonnées; rostre obtus et un peu prolongé; partie antérieure

---

[*] Je dois les premiers dessins de cette espèce ainsi que ceux de la planche 1re à mon ami Ed. Lhéritier; quelques corrections nécessitées par un changement d'individus non adultes ont changé la destination de ces planches dont A. Laboulbène a bien voulu se charger: qu'ils reçoivent ici tous les deux le témoignage de ma vive reconnaissance.

formant une carène en avant du ligament et s'arrondissant
ensuite brusquement vers les bords ; ces bords sont amincis
légèrement et presque toujours membraneux ; fente postérieure de la carène un peu bâillante ; intérieur nacré irisé
de blanc et d'azur ; impressions musculaires peu profondes,
surtout les antérieures ; impressions palléales épaisses ;
couleur dermale, brun-verdâtre et brun-jaunâtre, disposée en zones souvent interrompues par des radiations vertes, qui partant des sommets suivent les deux carènes du
rostre et vont en diminuant de grosseur jusqu'au 2|3 de la
coquille et même aux bords libres ; sommets ochracés, cen-
drés à leur base ; épiderme très lamelleux.

Var. *B.* — Complanata. (M. Galup.)

Var. *C.* — Elongata. A. Rossmasleriana ? *Dup.*

Haut. 8-10 centim. — Long. transv. 14-15 centim.

Habite : les lacs tranquilles à fonds vaseux ; commune
dans les nasses clayonnées de la Garonne, le Canal,
à Agen ; Damazan,* &.; dans les fossés des réservoirs
de Senelles, chez M. Désiré de Brondeau, près Villeneuve ;
aux environs de Sos, &. (M. Capgrand.)

Observation. — Cette espèce ne peut être prise ni pour l'A. *Cel-*
lensis (Schröter), ni pour l'*Anatina*, ni pour la *Cygnea* : elle diffère de
l'A. *Cellensis* par sa plus grande épaisseur, sa carène antérieure qui,
chez la première, est à peine indiquée ; par les radiations vertes et enfin par la couleur azurée de sa nacre ; les mêmes différences existent
pour l'A. *Cygnea* dont l'A. *Cellensis* n'est qu'une variété plus mince.

* M. Galup, receveur de l'enregistrement, à Damazan, m'a envoyé
deux variétés fort belles du Canal latéral, alimenté encore en 1849 par les
eaux des ruisseaux qui viennent des Landes.

Notre A. *Anatina* est un diminutif de cette espèce, avec laquelle elle a des rapports nombreux ; cependant son épaisseur et sa taille en diffèrent beaucoup, ainsi que la carène antérieure.

4. A. de Grateloup. — A. Gratelupeana. *(Nob.)*

(PL. III. FIG. I, II, III. — PL. IV. FIG. II.)

Syn. — A. Gratelupeana, *Gass.* — Var. *B*, Globosa, *Aff.* A. Complanata, *Ziègl.* —Var. *C*, Minima, *Aff.* A. Minima? *Mill.*—A. Joboe? *Dup.*

Animal : pâle, gris-jaunâtre ; papilles tentaculaires rougeâtres ; branchies verdâtre-livide ; pied sub-quadrangulaire. — ÉDULE.

Coquille : moyenne ou arrondie, variable, ovale-oblonguée, épidermée, luisante ; carène arrondie ou peu anguleuse ; crochets peu élevés ; sommets presque toujours un peu excoriés ; ligament extérieur recouvert la plupart du temps par les lamelles de l'épiderme ; bord antérieur sensiblement arrondi et un peu obtus ; bord postérieur un peu rostré, mais toujours plus élevé et plus large que l'antérieur ; nacre irisée de blanc d'argent, d'azur et de rose ; impressions musculaires peu apparentes ; les palléales médiocres ; charnière linéaire, arquée légèrement ; bords libres tranchants presque toujours lamelleux et hiants ; épiderme jaune-verdâtre, sommets jaunes ou noirâtres, d'où partent des zones concentriques d'un beau vert-émeraude, suivies de bandes brunes, noires et jaunes, avec quelques radiations jaunes et vertes, de la carène au rostre, le tout brillant comme un émail ; rarement quelques individus uniformément verts ou jaune-foncé.

VAR. *B.* — GLOBOSA.

VAR. *C.* — MINIMA.

Haut. : 4–6, rar. 7 centi^m. — Long. tr. 7–9–12 centi^m.

Habite : la Garonne, dans les nasses tranquilles et à fond vaseux ; commune à Beauregard avant les travaux du Canal ; trouvée aussi au bas de Rouquet par M. Aitken ; à Boé, dans les nasses, &. ; rare.

OBSERVATION. — Cette coquille, que j'ai soumise au jugement de plusieurs savants, est sans conteste la plus belle du genre. Mon ami Laboulbène en a fait un dessin d'une exactitude rigoureuse, et M. F. Plée l'a burinée avec une perfection sans égale. J'ai trouvé un échantillon d'une var. Globuleuse ressemblant un peu à l'A. *Complanata* (Ziègler), mais s'en éloignant cependant par sa convexité et sa coloration uniforme ; du reste, c'est le seul échantillon que j'ai trouvé ainsi ; il se distingue du type par ses stries d'accroissement plus serrées et par sa coloration plus uniformément verte. La var. *B* est constante et plus commune.

Je dédie cette espèce, que je n'hésite pas à croire nouvelle, à mon respectable ami M. le docteur de Gratcloup, auquel la Conchyliologie est redevable de plusieurs travaux importants ; je le prie d'en accepter la dédicace comme une faible preuve de ma reconnaissance pour les encouragements qu'il n'a cessé de me prodiguer.

—

GENRE VINGT-TROISIÈME.

Mulette. — **Unio.** *(Brug.)*

Mya, *Linn.* — Mytilus, *Geoff.* — Alasmodonta, *Say.* — Amblemides, Uniodes, *Raff.* — Gascon : COUTOYO.*

Animal : semblable à celui des Anodontes ; plus épais et nerveux.

Coquille : de forme très variable, équivalve, inéquilatérale, assez bombée, quelquefois un peu bâillante, auriculée ou non ; valves épaisses, rongées aux sommets ;

* Sans doute de *côtoyer*, à cause de l'habitat de ces Mollusques qui se tiennent plus volontiers le long des berges que dans les bas-fonds.

ceux-ci plus ou moins antérieurs; charnière formée d'une
dent lamellaire sous le ligament et d'une double dent;
comprimée, dentelée irrégulièrement sur la valve gauche,
et simple sur la valve droite; ligament extérieur et allongé;
impressions musculaires très écartées et peu distinctes.

Habite : les mêmes localités que les Anodontes, dans
toutes nos rivières, ruisseaux, &.

ESPÈCES :

A. Dents cardinales, comprimées, relevées et souvent en crête.

1. M. de Requien. — U. Requienii. *(Mich.)*

(PL. I. — FIG. V–VI.)

Syn.—U. Requienii, *Mich.*—Compt. à *Drap.*, pag. 106, pl. xvi, fig. 204.
—Un. Pictorum, *Drap.* — Var. U. Pictorum, *Lamk.*? * — Mya Picto-
rum, *Linn.* — Mya Angusta, *Schröt.*— Mya Ovalis, *Montag.*—Mysca
Pictorum, *Turt.*—U. Ovalis, *Sow.* —La Moule des rivières, *Geoffroy.*

Animal : jaune, saumon, pied plus pâle ; manteau
frangé; branchies glauques, mais dont les nervures sont
moins fortes que celles des Anodontes. — ÉDULE.

Coquille : épidermée, allongée, carénée postérieurement; ligament extérieur, corné et très apparent; crochets
proéminents; sommets plus ou moins excoriés; un peu
bâillante aux deux extrémités; l'antérieure arrondie brusquement; partie supérieure en avant des sommets, très
droite et un peu concave; rostre prolongé; sinuée ou com-

---

* C'est d'après les conseils de plusieurs auteurs que j'ai dû donner le
nom d'U. *Requienii* à notre espèce, quoique plusieurs de nos var. diffèrent peu du *Pictorum* du Nord.

primée dans sa partie médiane vers la base des bords
libres; intérieur nacré, variant du blanc-laiteux, blanc
d'argent, rose doré ou pourpre, selon les individus; charnière linéaire, creusée en gouttière; les deux lames se reçoivent réciproquement l'une dans l'autre par intercalla-
tion; la charnière de la valve droite présente une dent en
crête conique qui se trouve reçue entre deux dents de la
valve gauche dont la cardinale est rejetée un peu en arrière, tandis que la latérale est égale et très rugueuse. Les
impressions musculaires antérieures sont profondes et
pourvues d'une fossette qui se rejette en arrière et reçoit
une partie du muscle adducteur; les impressions postérieures sont simples, lisses et peu apparentes; les palléales
épaisses; la couleur de l'épiderme varie beaucoup, selon
les eaux que le Mollusque habite; elle est toujours disposée
en zones allongées, concentriques, suivant les divers accroissements de la coquille, et varie du vert-brun, vert-
clair, brun et jaune foncé; lavée à la brosse, elle est lisse
et luisante; les stries sont peu lamelleuses. Quant à la
forme, elle varie énormément. J'indique seulement les
variétés suivantes :

Var. *A.* — Type, vert-jaune et brun.

Var. *B.* — Rostrata; U. Pictorum? *Linn.*

Var. *C.* — Complanata; U. Ovalis? *Sow.*

Var. *D.* — Ponderosa.

Var. *E.* — Cuneata.

Var. *F.* — Decurvata.

Var. *G.* — Radiata.

Var. *H.* — Senellensis, verte, jaune et brune.

VAR. *I.* — MINIMA.

Hauteur : 3-5 centi^m. — Long. transv. 5-10 centi^m.

Habite : les cours d'eau vive; les var. *A*, *B*, *C*, *G*, dans les nasses de la Garonne; très communes; — la var. *D*, dans l'Auvignon, à Bruch, Montagnac, Roquefort; assez rare; — la var. *H*, à Senelles, dans les viviers de M. D. de Brondeau où elle devient magnifique; — la var. *I*, dans le Drôt (M. Bessières); la Baïse, la Gélize, le Lot, le Gers, la Seoüne; la var. *F*, dans le Rieu-Mort, au Passage, &. L'individu figuré dans la Pl. 1re est de la Garonne, à Agen.

B. Dents cardinales courtes, épaisses, non en crête.

2. M. Littorale. — U. Littoralis. *(Lamk.)*

Syn. — U. Littoralis, *Lamk.*, *Drap.* — Mya Rhomboidea, *Schr.*; U. Bigorriensis, *Mill.*

Animal : jaunâtre; bords du manteau et des papilles d'un gris glauque; pied jaunâtre assez grand.

Coquille : oblique, sub-tétragone ou sub-arrondie; épaisse; stries d'accroissement très fortes et rugueuses; extrémité antérieure arrondie, la postérieure peu rétrécie; sommets proéminents presque toujours excoriés; épiderme noir à l'état parfait, brunâtre dans le jeune âge, laissant paraître quelques radiations vertes sur un fond jaune; ces radiations partent de la carène et vont se dilater vers les bords libres des valves; les sommets sont alors ornés de varices qui sont les premières traces de l'existence de la coquille et qui tendent à les faire excorier plus tard; dents cardinales épaisses, fortement striées et crénelées; dents latérales lamelliformes moins épaisses; impressions musculaires antérieures, profondes; les inférieures bien moins; impression palléale épaisse, souvent rosée; nacre très blanche, bleuâtre ou rosée.

Var. *A*. — Type, Rotunda.

Var. *B*. — Bigorriensis, U. Bigorriensis, *Mill.*

Var. *C*. — Compressa.

Var. *D*. — Subtetragona.

Var. *E*. — Irregularis.

Hauteur : 4-7 centi^m. — Long. transv. : 7-9 centi^m.

Habite : plus particulièrement les grands cours d'eau que la précédente, extrêmement commune dans la Garonne, le Gers, le Lot, la Baïse, &.; — la var. *B*, dans la Gélize. (*MM. Capgrand* et *Dubor*).

5. **M. Sinuée**. — **U. Sinuatus**. *(Lamk.)*

Syn. — U. Sinuata, *Lamk.* — U. Margaritifera, *Drap.*—U. Margaritiferus, *Nilss.*, *Retz.* — Mya Margaritifera, *Linn.*

Animal : grisâtre; branchies grandes; bordant presque le manteau; pied très grand et épais.

Coquille : elliptique, grande, épaisse, solide, rugueuse; équivalve; inéquilatérale, fortement sinuée à la partie médiane des valves et jusqu'aux bords libres; sommets proéminents, fortement excoriés et même écorchés; épiderme brun ou noir, corné; stries d'accroissement lamelleuses et tuilées; ligament extérieur assez élevé, mais peu avancé sur le bord antéro-dorsal; charnière composée de deux lames dont la partie postérieure est rugueuse à l'égal d'une lime ; à la partie antérieure se trouvent quatre dents dont une, la cardinale, est reçue entre deux autres dents courtes, épaisses et dentelées ; impressions musculaires très fortes, présentant en arrière de la partie antérieure deux petites fossettes d'attache où sont retenus les muscles adducteurs ; impressions palléales fortes et épaisses ; couleur de la nacre d'un beau blanc azuré et irisé vers les bords postérieurs d'un rose-violet et bleu-azur[*].

Var. *B.* — Arcuata ; rare.

Haut. : 8-10 centi^m.—Long. transv. : 14-16-18 centi^m.

Habite : dans la Garonne, le Lot, la Baïse où elle parque en groupes nombreux dans le sable, le long des berges assez profondes, dans les trous formés par les courants, contre les roches, rarement dans les nasses vaseuses ; très abondante. — Les échantillons de Marmande, Tonneins, Aiguillon et de la Baïse sont beaucoup plus grands que ceux des environs d'Agen. La forme de la coquille varie fort peu ; du jeune âge à l'état adulte, elle est même toujours sinuée.

Observation. — J'ai lu quelque part un article relatif à l'excoriation du têt des Acéphales, que : cet accident était dû à la présence de petits univalves qui, ne trouvant pas de substance calcaire suffisante dans les eaux où ils habitent, allaient la dérober sur le têt des bivalves afin de former leur coquille. Or, il est évident que la partie la plus cachée de ces derniers est l'antérieure, l'opposée du rostre qui se prolonge en arrière du corselet. J'ai observé qu'à de rares exceptions près les bivalves

[*] J'ai trouvé plusieurs fois, après le lavage des animaux, quelques perles fines d'un assez bel orient.

Nacre de perle selon Hatchett :
Sous-carbonate de chaux. . . . . 66 parties.
Albumine coagulée. 34   —

conservaient dans la vase ou dans le sable une position verticale presque perpendiculaire, laissant une faible partie du rostre à découvert, pour donner aux papilles tentaculaires la facilité de dégager l'air ambiant; comment les petits univalves pourraient-ils aller ronger les sommets, puisqu'ils sont cachés? Pour moi, je ne le comprends pas.

Et même en admettant ces Mollusques parasites* serait-il possible que la nature eût refusé à leur organisation la première condition d'existence pour eux... l'abri? C'est maintenant un fait acquis à la science, que ce qui secrète le calcaire qui sert à l'accroissement du têt est le manteau; eh bien! il en est des Acéphales comme des Céphalés : les bords du manteau secrètent vers la base et tendent à son agrandissement et à son épaississement aux dépends du sommet. La partie ainsi abandonnée doit tendre à un dépérissement plus ou moins rapide et rendre l'épiderme caduc, et le faire s'exfolier et tomber, puis ne protégeant plus le têt, le voir se corroder par les courants, les chocs divers auxquels sa position presque stationnaire l'expose. J'ai remarqué que plus les courants étaient violents et plus les coquilles, une fois érodées, se corrodaient facilement. Tout le monde a pu remarquer que les bivalves qui nous occupent naissent avec les sommets épineux, chargés de varices ou tout au moins très rugueux; l'épiderme a peu de prise sur des parties ainsi exposées au moindre frottement, et en laisse au contraire aux accidents divers qui peuvent leur arriver dans le milieu qu'ils habitent.

Je crois donc que le manteau, en secrétant la matière calcaire vers les bords libres de la coquille, doit en priver les sommets et par là provoquer la caducité de l'épiderme; et si la coquille se trouve exposée à des courants violents, elle doit être facilement corrodée, puisque l'épiderme ne la garantit plus. Il en serait de même d'un bloc de pierre ordinaire qui, restant en place à un fort courant, serait souvent rongé et même perforé. L'action minérale de quelques eaux doit aussi les attaquer plus fortement; tous les Un. *Littoralis, Moquinianus, Margaritifer* et *Sinuatus* que j'ai reçus des gaves pyrénéens où les eaux très rapides sont saturées de minerais, sont plus excoriés que ceux qui vivent dans les vases des eaux tranquilles.

* Il ne pourrait y avoir que l'œuf de la Néritine qui pût déterminer une légère érosion, et j'ai remarqué des bivalves excoriés dans des eaux stagnantes où ne vivait aucune Néritine.

Famille Deuxième :

Conchacés. *(Blainv.)*

Conques Fluviatiles, *Lamk.* — Cardiacés, *Cuv.* — Cyclades, de *Fér.* —
Cycladées, *Raff,*

GENRE VINGT-QUATRIÈME.

Cyclade. — Cyclas. *(Brug.)*

CARACTÈRES :

Animal : épais, ayant un manteau à bords simples ;
muni de tubes courts et réunis ; pied large, comprimé à sa
base et terminé par une sorte d'appendice.

Coquille : épidermée, mince, quelquefois demi-transpa-
rente, ovale, très bombée, équivalve, inéquilatérale ; sommets très rapprochés et un peu tournés en avant ; charnière
composée de dents cardinales très petites, quelquefois
presque nulles ; tantôt deux sur chaque valve, dont une,
pliée ou lobée sur une valve, et deux sur l'autre ; deux
dents latérales écartées, lamelliformes, avec une fossette
à la base ; ligament extérieur, postérieur et bombé ; deux
impressions musculaires réunies par une impression palléale non excavée.

Les Cyclades habitent les eaux douces des fleuves, rivières, ruisseaux d'eau vive et stagnante, se déplaçant au
moyen d'un appendice tendineux qui leur sert de pied et
qui s'applique par succion sur les plantes aquatiques ou
dans leurs racines, rampent aussi dans la vase et y tracent
un léger sillon comme les genres précédents.

ESPÈCES :

1. C. Cornée. — C. Cornea. *(Lamk.)*

Syn. — C. Cornea, *Lamk.* — Tellina Cornea, *Linn.* — La Came des
ruisseaux, *Geoffroy.*

Animal : grisâtre ou jaunâtre ; pied pâle très extensible.

Coquille : globuleuse, ovale-arrondie, sub-inéquilatérale ; sommets obtus, finement striés ; bords rapprochés
fermant hermétiquement les valves ; dents cardinales petites, les latérales plus grandes et un peu comprimées ; intérieur gris minéral, violacé ; épiderme variant du brun au
jaunâtre avec une ou deux bandes marginales, plus pâles.

Var. *B.* — Umbonata, à bords très arrondis.

Var. *C.* — Nucleus, jaune unicolore, en forme de
noyau de cerise.

Hauteur : 7-11 milli^m. — Largeur : 6-13 milli^m. —
Épaisseur : 4-7 milli^m.

Habite : les fossés d'eau vive ; à Saint-Marcel, Pourret ;
les marais, à Lalongue, &. ; commune ; la var. *B* dans les
ruisseaux et les marais des Landes ; rare.

2. C. Riverine. — C. Rivalis. *(Drap.)*

Syn.—C. Rivalis, *Drap., Noul., A. Gras, Dup., Merm., Joba,* &.

Animal : grisâtre, très pâle.

Coquille : globuleuse, ovale, comprimée à la partie médiane des bords libres ; sommets obtus ; finement striée,
sub-inéquilatérale ; bords très rapprochés ; couleur de l'é-
piderme jaune foncé ou gris-brunâtre, avec une ou deux
bandes jaunes marginales ; intérieur gris azuré ; dents cardinales petites, les latérales plus grandes.

Var. *B*. — Isocardioidea. *C.* Isocardioides (Normand.)

Hauteur : 7-13 milli^m. — Largeur : 8-14 milli^m. — Épaisseur : 5-8 milli^m.

Habite : les grands ruisseaux où elle est très abondante ; commune dans la Salève, près Agen ; la Seoüne, &.

La var. *A.* est presque ronde ; ses sommets sont tout-à-fait arrondis ; elle est rare et habite la Seoüne. J'ai dû la rapporter à la **Cy.** Isocarde de **M.** Normand.

3. **C. Caliculée. — C. Caliculata.** *(Drap.)*

Syn.—C. Caliculata, *Drap., Goup., Noul., Dup., A. Gras, Merm., Joba.*

Animal : très pâle et grisâtre transparent ; intestins rosés.

Coquille : sub-quadrigone, sub-inéquilatérale, un peu comprimée vers les bords tranchants ; très fragile, finement striée ; sommets proéminents et caliculés plus ou moins, carène dorsale droite qui donne à la coquille une forme carrée aux sommets et la rend très reconnaissable ; dents très petites, les cardinales surtout ; épiderme blanchâtre ou cendré, ayant quelques bandes marginales jaunâtres.

Var. *B*. — Major.

Var. *C*. — Mamillare. Pl. ii, fig. 9-9.

Observation. — Cette variété que j'ai découvert dans une mare des terrains ferrugineux à Gaussens, sous Ségougnac, est moindre que toutes les autres ; elle est plus pâle, plus transparente, elle est surtout fortement caliculée, au point que les sommets semblent devoir leur élévation à la superposition d'une seconde coquille moindre et d'une couleur roussâtre, se détachant nettement sur le fond gris de la coquille.

Haut. : 6-10 milli^m. — Larg. : 5-14 milli^m. — Épaiss. : 3-6 milli^m.

Habite : les eaux tranquilles ou peu courantes, à fond

vaseux; commune dans les fossés des environs d'Agen, à
la Palme, le long de la route de Cahors, les nasses de la
Garonne; à Dolmayrac, dans les réservoirs de la fontaine
de M. de Sevin; à Lalongue; commune.

4. **C. des Lacs.** — **C. Lacustris.** *(Drap.)*

Syn.— C. Lacustris, *Drap.*, *Lamk.* — Tellina Lacustris, *Mull.*

Animal : grisâtre, pâle.

Coquille : ovalaire, médiocre, peu bombée, à bords
presque tranchants; sommets saillants; extrémité postérieure arrondie, l'antérieure moins striée finement ; charnière presque droite, dents très petites, couleur roussâtre
avec quelquefois une bande marginale plus pâle; intérieur
grisâtre miroitant.

Haut. 5-6 milli^m. — Larg. 7-8 milli^m. — Épaiss. 4 milli^m.

Habite : les marais des Landes, aux environs de Sos, de
Saint-Julien-de-Fargues, &.; rare; à Lalongue, près
Agen; rare.

—

GENRE VINGT-CINQUIÈME ET DERNIER.

Pisidie. — **Pisidium**. *(Pfeiff.)*

CARACTÈRES :

Animal : muni d'un manteau ouvert en avant pour laisser passer un pied linguiforme et fort extensible. Ce manteau est fait de manière à former un seul tube qui présente l'aspect d'un siphon court et contractile.

Coquille : Épidermée, sub-ovalaire ou sub-arrondie,
obliquement cunéiforme, inéquilatérale; sommets recour-

bés en avant, charnière dentée, présentant sur la valve
droite une seule dent cardinale, quelquefois complexe, reçue dans la gauche entre deux dents obliques; dents latérales étroites, allongées, lamelliformes sur les deux valves; ligament extérieur et postérieur; deux impressions
musculaires sur chaque valve, réunies par une impression palléale non excavée postérieurement.

Habite : les mêmes lieux que les Cyclades; les marais,
les fontaines d'eau vive et les mares stagnantes, les fossés
herbeux, &.

A. Coquille sub-arrondie ou obtuse.

1. P. Mignonne. — P. Pulchellum. *(Jenyns.)*

Syn. — P. Pulchellum, *Jen.* Ejusd. P. Pusillum. P. Fontinale, *Pfeiff.*
Cyclas Fontinalis, *Brown, Drap., Goup., Noul., Dup., Merm., Joba.*

Animal : très pâle, gélatineux, pied très extensible,
jaune clair.

Coquille : très petite, inéquilatérale, un peu oblique,
luisante, striée très finement; sommets peu élevés; couleur
grisâtre ou jaunâtre, quelquefois une bande marginale
ferrugineuse; dents à peine visibles.

Var. *A*. — Major.
Var. *B*. — Minor. P. Pusillum, *Jenyns.*
Haut. : 2–2 1\2 milli^m. — Long. : transv. 2–4 milli^m.

Habite : les fontaines herbeuses et vaseuses, les réser-
voirs à fond de *Conferves* et de *Potamogeton;* commune à
Foulayronnes, Vérone, bas de Ferrou; à Fonlongue, près
Estillac, Ségougnac, Moirax, &.; St-Julien-de-Fargues.
La var. *B* dans les fossés voisins de la Salève.

2. P. de Normand. — P. Normandianum. *(Dup.)*

Syn. — P. Normandianum, *Dup.* Inéd. — Cyclas Fontinalis? Var.

Animal : pâle, pied aigu.

Coquille : petite, globuleuse, subtrigone, inéquilatérale, luisante, souvent encroûtée de rougeâtre; sommets proéminents nettement détachés, violets; ligament postérieur linéaire; bords tranchants exactement fermés; jaunâtre au centre, violâtre aux bords et au sommet; dents cardinales, écartées, minimes, les latérales plus grandes, en gouttière.

Haut. : 1 1|2 milli[m]. — Larg. : 2-4 milli[m].

Habite : les fontaines d'eau vive; à Lespinasse, Cartou, &.; assez abondante.

3. P. Bourbeuse. — P. Limosum. *(Nob.)*

(PL. II. FIG. X–X.)

Animal : jaunâtre, tube très court, pied médiocre.

Coquille : petite, inéquilatérale, sub-arrondie, un peu globuleuse, finement striée; sommets proéminents, très rapprochés; carène postérieure saillante, partie antérieure arrondie; bords tranchants, hermétiquement fermés; dents cardinales coniques, peu dilatées, les latérales arquées; couleur de corne pâle, presque toujours encroûtée de noirâtre disposé en zones.

Haut. : 2-3 milli[m]. — Larg. : 3-3 1|2 milli[m].

Habite : la fontaine de Chantilly, près Pécau, chez M. Lacoste; assez commune.

4. **P. Obtuse.** — **P. Obtusale.** *(Jenyns.)*

Syn. — P. Obtusale, *Jenyns*. — Cycl. Fontinalis. Var. *Drap.*

Animal : pâle, manteau très sensible, pied jaunâtre.

Coquille : petite, globuleuse, cunéiforme, obtuse dans toutes ses parties; finement striée; sommets proéminents, arrondis; crochets rapprochés, ligament linéaire, arqué; bords réunis, aigus; réunion des valves affectant la forme d'un cœur; carène médiocre, circonférence arrondie; couleur jaunâtre au centre, rougeâtre aux sommets et aux bords; charnière médiocre, dents très petites.

Haut. : 3–4 1|2 milli^m. — Larg. : 4–5 milli^m.

Habite : les fontaines vaseuses de la plaine; à Ségougnac, à Dolmayrac, dans l'étang de M. de Sevin; rare.

5. **P. de Gassies.** — **P. Gassiesianum.** *(Dup.)*

(PL. II. FIG. XI.)

Syn. — P. Gassiesianum, *Dup.* Inéd.

Animal : pâle, jaunâtre, jaune-orangé à la lunule.

Coquille : petite, arrondie, subtrigone, un peu allongée, obtuse, sub-globuleuse, un peu plus large que haute, luisante, finement striée, jaunâtre; sommets bombés, médiocres, brunâtres; bords arrondis rarement tranchants; dents cardinales très petites et élargies, les latérales lamelleuses et plus apparentes.

Haut. : 1 1|2 milli^m. — Larg. : 2 milli^m.

Habite : les réservoirs de Ratier, chez M. Duvigneau, dans la vase, parmi les feuilles pourries; à St-Marcel, dans la mare du ruisseau; n'est pas commune.

Observ. — Mon ami l'abbé Dupuy m'a privé du plaisir que je m'étais fait de lui dédier cette espèce; dans notre correspondance il a pris l'initiative et j'ai dû m'incliner devant la loi de la priorité.

B. Coquille oblique ou rostrée.

6. P. des Ruisseaux. — P. Amnicum. *(Jenyns.)*

Syn. — P. Amnicum, *Jenyns*. — P. Obliquum, *Pfeiff.* — Cyclas Palustris, *Drap.* — Cycl. Obliqua, *Lamk.*

Animal : jaunâtre, bords du manteau plus foncés.

Coquille : médiocre, inéquilatérale, non épidermée, fortement striée dans le sens des accroissements; intérieur jaunâtre; dents cardinales assez élevées, les latérales plus grandes; couleur du têt jaune de succin, sans fascies, quelquefois un peu plus foncée dans sa partie supérieure; sommets assez élevés, mousses.

Var. *B.* — Nitida, sans strics, an? spec. nov.

Haut. : 9 milli^m. — Larg. : 10-11 milli^m.

Habite : la Garonne et ses affluents, les nasses, les marais, &.; la Salève, &.; commune. La var. *B*, à Chantilly, à St-Ferréol; assez commune.

Observ. — La var. *B* diffère du type : par sa coquille lisse, sans strics, et par sa plus grande transparence; je crois qu'elle pourra constituer une espèce nouvelle.

7. P. Cendrée. — P. Cinereum. *(Alder.)*

Syn. — P. Cinereum, *Alder.*

Animal : jaunâtre, pied plus pâle.

Coquille : médiocre, inéquilatérale, sub-globuleuse, assez solide, arrondie antérieurement, rostrée postérieurement, finement striée, luisante; couleur de corne pâle, jaune ou grisâtre, zonée de gris, plus foncée; sommets obtus, carène médiocre, bords réunis et tranchants'.

Var. *B.* — Australe.

P. Australe? *Philipi*, plus aplatie que le type.

Haut. : 3-4 milli⁽ᵐ⁾.— Larg. : 5-5 1⁄2 milli⁽ᵐ⁾.

Habite : à Ratier; les marais, les fontaines, &., commune; à Agen, Vérone, Dorville, dans le lavoir; à Ste-Radegonde, Charpau, le Pont-du-Casse, &.

8. **P. Luisante.** — **P. Nitidum.** *(Jenyns.)*

Animal : très pâle, grisâtre, presque blanc.

Coquille : médiocre, sub-globuleuse, un peu allongée, finement striée, luisante; couleur de corne pâle au centre, brunâtre aux sommets; carène arrondie, crochets proéminents, mamelonnés; bords réunis, aigus; bord antérieur arrondi, le postérieur plus avancé; dents cardinales assez dilatées, les latérales écartées, le sillon profond.

Haut. : 3-3 1⁄2 milli⁽ᵐ⁾. — Larg. : 5-5 1⁄2 milli⁽ᵐ⁾.

Habite' : Les mares et les fossés vaseux et herbeux; à Ségougnac, Estillac, Moirax; à Agen, dans une prairie après Fiaris; assez commune.

Observ. — Ce genre nouvellement distrait des Cyclades par *Pfeiffer*, est excessivement nombreux en espèces; chaque mare, fossé, canal, ruisseau ou rivière apporte son contingent au groupe déjà nombreux des espèces connues. Pour ma part j'ai préféré attendre encore que d'en trop hasarder de nouvelles, tant ce genre, négligé pendant fort longtemps, est riche pour le Classificateur.

' Cette Pisidie a une foule de rapports avec le P. Thermale que M. Dupuy m'a envoyé; la nôtre est seulement moindre, elle habite les eaux un peu saturées de fer qui viennent de Ségougnac.

Table Alphabétique des Matières contenues dans cet Ouvrage.

ERRATA.

Pages 3 et 4, lignes dernière et première : 133 espèces, LISEZ : 138.

—

Page 66, avant Genre troisième; — LISEZ :

Deuxième Famille :

Escargots. *(Cuv.)*

Limaçons, *Fér.* — Limacinés, *Blainv.*

Page 88, ligne dernière; — Var. *A.* LISEZ : Var. *B.*, et ainsi pour toutes les variétés suivant le type qui seul est la var. *A.*

Page 194, observation, ligne dernière; — Var. *B.* LISEZ : Var. *C.*